좋은 어른 되기 연습
《대학》 읽기

좋은 어른 되기 연습

《대학》 읽기

황광욱 지음

심산

머리말

*

"모두가 어른이 되지만, 누구나 어른이 되는 것은 아니다."

맞는 이야기일까? 맞는 것 같기도 하고, 그렇지 않은 것 같기도 하다. 앞 구절의 어른과 뒤 구절의 어른을 같은 것으로 보면 틀린 말이 된다. 그런데 앞, 뒤의 어른을 다른 의미로 보면 틀린 말이 아닐 수도 있다.

앞의 '어른'은 저절로 되는 자연(自然)의 영역이고, 뒤의 '어른'은 만들어 가야 하는 인문(人文)의 영역이다. 자연의 영역은 원리와 현상이 어그러짐이 없지만, 인문의 영역에서는 어그러짐이 있다. 그래서 원리와 현상을 맞추어야 하는 당위(當爲)가 생긴다. 즉 어른다워야만 어른이다. '어른답기'는 주어지는 것이 아니라 노력으로 얻어진다. 물론 어른다울 수 있는 가능성은 있지만 말이다.

무엇이 어른다운 것인지에 대해서는 의견이 분분할 것이다. 《대학》

에 근거해서 보면 어른의 특징은 스케일이 크다는 것에 있다. 만물과 만사를 탐구하는 것에서 시작해서 온 세상을 평온하게 하는 것까지를 공부의 대상으로 삼는다. 공부의 대상으로 삼는다는 것은 지적 영역을 확장하는 것뿐만 아니라, 그것에 책임을 진다는 얘기다. 공부의 영역을 확장하고 그것에 책임을 짐으로써 어른이 된다고 하겠다. 그런데 어른다움의 핵심은 수신(修身)에 있다. 만물과 만사를 탐구하는 것도, 온 세상을 평온하게 하는 것도 '자신의 몸'이기 때문이다. 《대학》의 '격물·치지·성의·정심·수신·제가·치국·평천하'의 중간에 있는 것이 '수신'이다. 수신의 앞은 내적 공부, 뒤는 외적 공부이다. 수신은 내와 외를 잇는 매개다. 그러니 수신이 되지 않으면 내외의 소통이 막혀버린다. 즉 어른이 되는 것은 자신의 내면과 세상을 연결하는 것이다.

*

《대학》은 사서[대학, 논어, 맹자, 중용] 가운데 하나이다. 《대학》은 원래 독립된 책이 아니라 《예기》의 한 편이었다. 그런데 주희가 그 내용이 중요하다고 여겨 주석을 붙여 별도의 책으로 묶어 《대학장구》라고 하였다. 《대학》은 사서 가운데 제일 먼저 읽을 것으로 제시된다. 조선의 대학자 율곡 이이는 《격몽요결》에서 책 읽는 순서를 다음과 같이 말한다.

먼저 《소학》을 읽어서 부모를 섬기고, 형과 어른을 공경하고, 스승을 높이고 벗과 친하게 지내는 도리를 하나하나 자세히 음미하고 힘써 실행해야 한다.

다음에는 《대학》을 읽어서 궁리·정심·수기·치인의 도리를 잘 알아내고 실행해야 한다.

다음에는 《논어》를 읽어서 인(仁)과 자신의 본원을 함양하는 공부를 골똘히 하고 깊이 체득해야 한다.

다음에는 《맹자》를 읽어서 의(義)와 이(利)를 구분하고, 욕심을 막고 하늘의 이치를 보존하기 위해 노력해야 한다.

다음에는 《중용》을 읽어서 성정(性情)의 덕과 천지가 안정하고 만물이 생육하는 묘리를 하나하나 찾아내어야 한다.

《소학》은 어린이가 공부하는 책이고, 《대학》은 성인이 되기 위해 접하는 책이다. 《대학》을 다른 책들보다 먼저 읽으라고 한 것은, 이이의 말처럼 본격적으로 어른이 되는 공부를 위한 첫걸음과 목표를 제시하고 있기 때문이다.

《대학》은 분량이 많지 않고 문자나 문법적으로 어려운 것이 없어 비교적 어렵지 않게 읽을 수 있다고 여긴다. 《논어》, 《맹자》는 분량이 많고 주제가 섞여 있어 처음 읽을 때는 다소 복잡하게 여겨진다. 하지만 이야기체인 경우가 많아 흥미진진하게 읽을 수 있기도 하다. 《중용》은 《대학》보다 조금 길지만, 내용이 상징적이어서 이해하기가 쉽지는 않다. 그런데 《중용》은 처음에는 갈피를 잡기 어렵지만, 거듭 읽을수록 하늘과 인간을 품고 있는 웅장한 스케일과 논리 정연함을 알게 된다. 《대학》은 처음에는 쉽게 읽히지만, 거듭 읽을수록 얽혀있는 실뭉치 같다고 한다. 즉《대학》을 이해하기가 생각보다 쉽지 않다는 것이다. 그래서 아무리 정교하게 《대학》을 풀어 얘기해 준다고 해도, 결국은 《대학》을 읽는 자신이 이해해야 한다.

*

《대학》은 두 가지 본이 있다. 하나는 《예기》로부터 《대학》을 끄집어내어 그 의미를 온 세상에 알린 주희의 《대학장구》가 있고, 또 하나는 주희가 편집하기 이전 형태의 본인데 이것을 《고본대학》이라고 부른다. 주희는 《고본대학》의 편제가 엉클어져 있고 빠진 부분도 있다고 생각했다. 그래서 원문을 이동하고, 글자를 수정하거나 삭제하고 새로 넣기도 했다. 주희는 자신의 사상 체계에 맞게 《대학》을 재구성한 것이다. 하지만, 어떤 이들은 《고본대학》의 편제에 아무런 문제도 없으며 오히려 편제를 바꾸고 글자를 삭제하고 삽입해서 본뜻이 훼손되었다고 주장하기도 한다. 여기서는 두 가지 본의 사상적 차이를 본격적으로 다루지는 않았고, 《고본대학》의 편제에 따랐다.

이 책은 다음과 같이 구성되어 있다.

먼저, 구절별로 원문과 해석을 실었고, 중요한 구절의 의미를 찾아보았다.

다음으로 《대학》을 우리말로 풀어썼다. 가능하면 한문 투를 쓰지 않고 지금의 생각과 언어로 이해될 수 있어야 한다는 것에 유념했다.

마지막으로 《대학》 원문에 음을 달아 실었다. 원문대로 읽는 맛이 좋다. 읽으면 읽을수록 마음의 울림이 깊어지고 사람과 세상에 대해 새로움을 느낀다.

결국, 이 책은 좋은 어른이 되기 위해 나를 돌아보자는 것이다.

*

우연히 고등학생 자녀를 둔 학부모를 대상으로 강좌를 할 기회가 있었다. 무슨 강의를 할까 생각하다가, 《대학》을 강독하기로 했다. 한문을 봐야 한다는 것과 소위 말하는 4차 산업 시대 등의 시대적 조류라든가 자녀 공부법 등의 현실적 문제와 동떨어진 강좌라는 우려가 없지는 않았다.

하지만 어느 시대나 사람이 있고 사람이 있으면 사람 '사이[간(間)]' 가 있기 마련이다. 그래서 사람 사이 중에서 '어른 되기' 에 초점을 맞추면서 《대학》을 소리 내서 읽고 뜻을 풀어나갔다. 감사한 일이 벌어졌다. 퇴근 후 저녁 시간에 이루어진 강좌임에도 불구하고 첫 시간에 참석했던 분들이 마지막 시간까지 거의 빠지지 않으셨다. 그분들에게서 배우고자 하는 열정을 전달받았고, '어른다운 어른 되기' 에 대한 우리 사회의 교육적 공백을 크게 느꼈다. 그분들에게서 받은 열정과 교육자로서 교육적 공백에 대한 일말의 책임감으로 강의안을 풀어 책으로 내놓게 되었다. 이 자리를 빌려 그분들에게 감사와 존경을 바친다.

목차

I

뜻으로 읽기

큰 사람이 되는 길은

대학지도(大學之道) 큰 사람이 되는 길은

대인(大人) – 어른

'대학'이라고 하면 고등학교를 졸업하고 다니는 교육기관이 먼저 떠오른다. 대학에 다니는 학생은 일반적으로 성인이다. 그러니 대학이라는 말에는 어린이나 청소년이 아니라 '어른의 공부'라는 의미가 있다.

'어른의 공부'라고 할 때, 좀 더 명확하게 분석해서 볼 것은 '어른'과 '공부'이다.

성인으로서의 어른은 일정 나이가 되면 주어지는 법적, 사회적 지위다. 그런데 예전에는 성인이라는 말보다는 대인[大人: 큰 사람]이라고 했다. 큰 사람이라고 할 때의 '크다'라는 것에는 육체적 성숙은 물론이요, 정신적이고 도덕적인 성숙까지 포함한다. 대인의 상대어는 소인[小人: 작은 사람]이다. 작은 사람이라고 할 때의 '작다'라는 것에는 육체적 미숙은 물론이요, 정신적이고 도덕적인 미숙도 포함된다. 그러니 대인이 된다는 것은 육체적 성장은 물론이요, 인격적 성장도 필요하다는 얘기가 된다.

대인이 될 것을 힘주어 강조한 사상가는 맹자다. 《맹자》 이곳저곳에 대인에 대한 설명이 있는데 그 가운데 몇 가지를 들어보면 다음과 같다.

예(禮)가 아닌 예, 의(義)가 아닌 의. 대인은 그런 것을 하지 않는다.

대인은 남이 믿어주기를 기약하며 말하지 않고, 성과가 있기를 기약하며 행동하지 않는다. 오직 의에 따라 말하고 행동할 뿐이다.

대인은 어린아이의 마음을 잃지 않는다.

인(仁)에 살고 의에 말미암으면 대인의 일은 완비된다.

맹자에 의하면 대인이냐 소인이냐의 가름은 인, 의, 예를 실행하느냐에 있다. 말하자면 대인은 도덕적 인격을 갖추고, 그것에 따라 언행을 하는 사람이다.

육체적 성장은 세월의 흐름과 함께 자연의 법칙 속에서 이루어진다. 그런데 세월이 인격적 성장을 완전히 보장하는 것은 아니다. 즉 대인은 주어지는 존재가 아니라 만들어 가는 지향적 존재이다. 만들어 간다는 것은 만들어 갈 수 있다는 가능성을 품고 있다는 얘기와 같다. 주어지기만 한다면 우리 인간에게 능동적 행위는 허용될 수 없을 것이다.

가능성이라는 것에는 '현실 자각'과 '미래 지향'이 동시에 담겨있다. 지금의 나는 큰 사람이 아니라는 것이 현실 자각이며, 지금의 나는 더 커질 수 있다는 것이 미래 지향이다. 어디에다 초점을 맞추어 생각하고 따르느냐에 따라 삶의 모습이 달라질 것이다. 현실 자각에만 초점을 두면 체념, 포기, 슬픔, 한계 등과 연관이 될 것이고 미래 지향에 초점을 두면 낙관, 기쁨, 달성, 성취 등과 묶일 수 있을 것이다.

대인은 주어지는 것이 아니라 되어가는 것이다. 주어진 것은 이상태 (理想態)일 뿐이고 가능태(可能態)는 되어가는 과정에 있다. 즉 대인은 이상태가 아니라 가능태이다. 대인이 이상태라면 대인이 될 수 있는 사람은 없을 것이다. 가능태이기에 누구나 대인이 될 수 있는 것이다. 될 수 있다는 것은 만들어 가야 한다는 것과 다르지 않다.

대학(大學) – 대인이 아닌 사람이 하는 공부

그렇다면 대학은 '대인이 하는 공부'가 아니라 '대인이 되기 위해 하는 공부'가 된다. 즉 아직 대인이 되지 않은 사람들이 하는 공부이다. 만약 대인이 하는 공부라면 우리 같은 보통 사람들은 대학에 들어갈 수 없다. 엄밀하게 표현하면 '아직 대인이 아닌 사람들이 대인이 되기 위해 하는 공부'가 대학이다.

대인이 되기 위해서는 공부를 해야만 한다. 공부하지 않고서는 대인이 될 수 없다. 사실, 《대학》이라는 책은 그 공부를 어떻게, 어떤 방식으로 할 것인가를 설명한 책이다. 어떤 사람들은 《대학》을 제왕의 통치술로 규정하기도 한다.

《대학》을 잘 읽고 체득하면 바른 통치술을 얻을 수 있겠지만, 《대학》이 통치자가 되고자 하는 사람만의 책이라고 할 수는 없다. 제왕은 특정한 조건에 있는 사람만이 되는 것이지만, 대인은 누구나 될 수 있기 때문이다. 대인이 되느냐는 신분이 아니라 인품에 달려 있다. 신분은 사회

제도와 구조 속에서 주어지는 것이지만, 인품은 오로지 자신에게 달려 있다. 제왕이지만 대인이 아닌 경우가 허다하며, 서민이지만 대인인 경우도 많다. 제왕은 누구나 될 수 없지만, 대인은 누구나 될 수 있다. 그렇기에《대학》은 누구나 볼 수 있고, 보아야 하는 책이다.

《대학》을 특정 신분의 테두리에 두려는 시도가 사회를 소인들의 집단으로 만들게 하는지 모르겠다. 자신은《대학》을 볼 신분이나 깜냥이 되지 않는다고 여기는 것도 소인이다. 맹자는 자신은 대인이 될 수 없다고 여기는, 즉 자신을 해치거나 자신을 버리는 사람을 크게 꾸짖고 있다.

자포자(自暴者: 자신을 해치는 자)와는 함께 말할 것도 없다. 자기자(自棄者: 자신을 버리는 자)와는 함께 할 수 있는 것이 없다. 애초에 예의는 없다고 말하는 것이 자신을 해치는 것이며, 인에 살고 의에 말미암지 못한다고 하는 것이 자신을 버리는 것이다. 인은 사람마다 살아가는 편안한 집과 같고, 의는 사람들이 가야 하는 바른길과 같다. 편안한 집을 비워두고 그곳에 살지 않으며, 바른길을 버리니 슬프구나!

대인이 될 싹은 사람마다 갖고 있다. 누구나 자기 안에 인이라는 편안한 집과 의라는 넓고 큰길을 갖고 있다. 그런데 자신에게는 인의가 없다고 하거나, 인의가 있기는 하지만 그것을 실현할 능력이나 수준이 못 된다고 하는 것이 자포자기이다. 대인이 되는 첫걸음은 자포자기하지 않는 것에 있다. 자포자기하지 않는다는 것은 내 안에 인의가 있음을 알며, 인에 살고 의에 따라 행동하는 것을 뜻한다.

《중용》은 인에 살고 의에 따라 행동할 수 있는 근거에 대해 근원적이면서 실제적인 측면에서 설명하는 책이며, 《대학》은 《중용》에서 제시된 인간의 길을 실제 삶의 터전과 인간관계에 적용하는 구체적이면서도 일반적인 방법을 서술한 것이다.

정리하자면 《대학》은 '아직 대인은 아니지만, 대인이 될 싹을 천부적으로 부여받은 사람이 대인이 되어가기 위해 하는 공부'를 안내하는 책인 셈이다.

미학(未學) – 배우지 않아도 되는 것

우리는 모두 대인이 될 가능성으로서의 인과 의를 천부적으로 품고 있지만, 인과 의를 삶의 터전과 관계에 적용하는 방법이나 방식을 공부해야만 대인이 될 수 있다. 그런 면에서 학[學: 배움, 공부]은 나의 내면과 외면 모두와 관계가 있다. 내게 주어져 있는 가능성을 외적 환경이나 관계와의 연관 속에서 실현하는 것이기 때문이다. 따라서 배움은 내면의 확인과 함께 내면 실현 방법에 대한 습득이라는 면을 동시에 갖는다.

그것을 《대학》에서는 절차탁마(切磋琢磨)라고 한다. 절차는 내면 실현의 방법에 대한 습득이고, 탁마는 그것을 자기 것으로 만들어 가는 과정이다. 대인이 되기 위한 공부의 두 갈래는 절차와 탁마이다. 물론 절차 이후 탁마, 탁마 이후 절차하는 것은 아니다. 절차와 탁마는 동시적 행위이다.

그런데 배우지 않고도 할 수 있는 것이 있기도 하다. 《대학》에는 "자식 기르는 것을 모두 배우고 나서야 결혼하는 사람은 없다."라는 구절이 있다. 현대에는 어머니 교실, 아버지 교실 등등 혼인 전에 배우는 사회적 교육 과정이 많다. 그러나 그런 과정을 이수했다고 해서 자식 키우는 것을 모두 알았다고 할 수도 없고, 알고 있는 것이 그대로 실현되는 것도 아니다. 만약, 자식 키우는 것이 배워서 되는 것이면 교육열이 세계 최고인 우리나라에서 누가 자식 걱정을 하겠는가!

자식을 기르는 것에 관한 모범적이고 표준적인 이론이나 사례가 없는 것은 아니겠으나, 그것이 나의 자식에게도 적용되어 똑같은 효과를 보는 것은 아니다. 즉 자식을 기르는 것은 배움만으로 해결될 수 있는 것이 아니다. 그렇다고 자식이 저절로 자라는 것은 아니다. 부모의 노력과 사랑이라는 우산 아래에서 자라는 것이다.

이 책 《대학》에서는

갓난아이를 돌보는 것처럼, 참[성(誠)]된 마음으로 구하면 비록 딱 들어맞지는 않아도 하려고 하는 것에서 멀어지지는 않는다.

라고 알려준다. 자식 키우는 핵심은 키우는 방법을 배우기 이전에 마음을 다하여 진실하게 구함에 있다. 즉 자식 키우기는 배움으로 해결하기보다는 참됨으로 풀어내야 한다.

참[성(誠)]을 강조하고 있는 책은 《중용》이다. 《중용》은 참은 하늘의 길이고, 참되려고 하는 것은 사람의 길이다.

라고 말한다. 하늘과 사람의 매개는 참이다. 하늘이 만물을 낳고 기르는 것이 거짓이 없는 참이고, 부모가 자식을 낳고 기르는 것도 참이다. 하늘이 참으로 만물을 기르듯이 부모는 참됨으로 자식을 낳고 기르는 것이다. 자식을 낳고 기르는 것은 아무리 어리석은 사람이라도 할 수 있는 것처럼 보인다. 하지만 잘 낳고 잘 키우는 것은 참에 달려 있다. 누구나 참될 수 있는 싹은 있으나 참되는 것이 쉽지는 않다.

어찌 되었든 대인이 되기 위해서는 배움이 필수적이지만, 자녀를 키우는 것은 배움보다는 마음의 참됨에 달려 있다. 마음의 참됨은 하늘과 그대로 닮았기 때문에 꼭 배움을 거쳐야만 하는 것은 아니다. 그래서 어리석은 사람도 부부가 될 수 있지만, 부부가 되는 미묘한 것에 대해서는 성인도 알지 못하는 부분이 있다. 그것이 바로 참됨인 것이다. 《중용》이 근본, 형이상, 하늘과 사람의 소통을 이야기하는 것이라면, 《대학》은 현실에 두 발 딛고 있는 사람들이 밟아가는 구체적이고 실제적인 길[도(道)]을 말하고 있다.

하늘로부터 부여받은 밝은 덕을

재명명덕(在明明德) 하늘로부터 부여받은 밝은 덕을 밝히는 데 있고

명덕(明德) – 밝은 덕

《중용》은

하늘이 명(命)한 것을 성(性)이라고 하며, 성을 따르는 것을 도(道)라고 하며, 도를 닦는 것을 교(敎)라고 한다.

로 시작한다. 《중용》 첫 구절의 주어는 '하늘'이다. 즉 하늘의 관점에서 사람을 설명한 것이다. 하늘은 명했고 하늘이 명한 그 무엇이 사람의 성이다. 여기서 하늘은 올려다보이는 물리적 하늘이 아님은 당연하다. 그런데 때로는 하늘이 인격체로 읽히기도 한다. 그것을 고대에는 상제 또는 하느님이라고 했다.

상제는 사람이 그려낸 하늘이다. 하느님이 명한다고 사람이 여기는 셈이다. 실체로서의 하늘이 있어 사람에게 명하는 것이 아니다. 하늘은 그저 하늘의 길을 갈 뿐이다. 하늘의 길은 참성(誠). 진실, 성실, 참됨이

고, 참되려고 노력하는 것은 사람의 길이다. 하늘은 참 그 자체이지만, 참이 인간 세상에 펼쳐지는 것은 저절로 되는 것이 아니라 인간의 노력이 있어야 가능하다.

그래서 이 세상의 운영은 인간의 몫이 된다. 여기에서의 세상은 공간적이며 시스템을 갖춘 체계로서의 사회를 말하는 것이 아니라, 삶을 영위하고 있는 당사자가 관계하고 있는 모든 것을 말한다. 인간이 살아갈 세상은 주어지기도 하지만, 스스로 만들어 가는 것이기도 하다. 자연으로서 삶의 터전을 만들고 모든 생명이 살 수 있도록 하는 것은 하늘과 땅[천지(天地)]이지만, 하늘과 땅속에서 숨을 쉬고 있는 모든 존재 가운데 오직 사람만이 세상[천하(天下)]을 만들고 영위한다. 그런 면에서 하늘, 땅과 함께 만드는 존재, 창조하는 존재의 반열에 사람을 넣을 수 있다.

그렇다. 사람은 만드는 존재이다. 만드는 존재는 도구나 제도를 만든다는 의미의 Homo-faber[도구적 존재]를 뜻하는 것은 아니다. 여기서 만드는 것은 도구가 아니라 세상이다. 사람은 공간적 시간적 환경 속에 주어지지만, 한편으로는 세상을 만들어 가며 살아간다. 사람은 자신이 살고자 하는 세상을 만드는 것이다.

세상은 '관계의 내용'으로 이루어진다. 부모-자녀라는 관계는 주어지지만 그 관계를 채우는 내용은 만들어 가는 것이다. 부모-자녀라는 관계는 누구에게나 주어지지만 그 관계의 내용은 사람 각자가 모두가 다르다. 모두가 자신의 세상을 만들었기 때문이다.

자신의 세상을 만들어 갈 수 있다는 것은 만들지 않을 수도 있다는 것이 아니라, 만들지 않을 수 없다는 것을 의미한다. 아무리 세상을 거부하고 삶을 포기하는 사람일지라도, '거부하고 포기함'이라는 자신의 세상을 만든 것이다. 만들도록 되어 있는 그것을 본성[성(性)]이라고 한다.

《중용》이 하늘이라는 시점에서 본성의 근원을 말하는 것으로 시작한다면, 《대학》은 사람의 시점으로 본성을 보고 있다. 하늘이 준 것은 명령으로서의 본성이지만, 사람에게 내재된 것은 덕(德)이다. 본성이 추상적이며 비실제적이라면 덕은 구체적이고 실제적이다. 본성에는 따로 수식어가 붙어있지 않지만, 덕에는 밝음[명(明)]이라는 수식어가 붙어있다.

덕은 밝다. 덕은 빛을 낸다. 덕 있는 사람은 덕행을 하기 마련이고, 덕행은 덕행을 하는 자신뿐만 아니라 주변을 환하게 한다. 나에게 있는 덕이지만 공동체가 환하게 된다. 그래서 덕에는 밝음이라는 수식어가 붙는다.

사람들을 친하게 대하고

재친민(在親民) 사람들을 친하게 대하는 데 있고

민(民) – 사람들

나는 사람들에 둘러싸여 있는 사람이다. '밝은 덕'은 나에 관한 것이고, 민[民: 사람들]은 나를 둘러싼 내 삶의 관계망이다. 민은 부모이며 자녀이며 친구이며 동료이며 이웃이며 지나가는 사람들이다.

부모, 자녀, 친구, 동료, 이웃, 지나가는 사람들과의 관계에서 벗어나 있는 나는 없다. 무관심 속에서 접하게 되는 버스나 전철, 거리의 사람들도 모두 내 삶의 관계망 안에 있다. 그 안의 사람들은 모두 누구에게는 부모이며, 누구에게는 자녀이고, 누구에게는 친구이고, 동료이고 또 이웃이다. 부모, 자녀, 친구, 동료, 이웃은 나에게로 주어지거나 다가오는 것이지만 어떤 부모, 어떤 자녀, 어떤 친구, 어떤 동료, 어떤 이웃이 될 것인가는 상대와 관계 맺는 나의 몫이 된다.

사실, 관계를 맺기 이전의 사람들은 그저 사람일 뿐이다. 즉 "나에게 너는 사람이야."라는 말은 형식상으로 볼 때는 틀린 것은 아니지만 아무런 내용이나 의미를 담고 있지 않다. "나에게 너는 '○○한' 사람이야."라고 할 때, 비로소 나와 너 사이에 의미가 발생한다. 의미가 부여된다는 것은 내가 너에게, 너는 나에게 어떻게 해야 하는지를 알게 된다는 것이다.

사람 속에 살아가야 하는 것은 주어지지만, '○○한'은 스스로 만드는 것이다. 우리는 세계 속에 내 던져지지만, '○○한'을 어떻게 채우느냐는 자신이 만드는 세상이다. 세상을 만들기 때문에 또는 만들 수밖에 없기에 우리는 모두 창조자이다. 하늘과 땅은 만물을 만들고 사람은 세상을 만든다. 자연은 법칙과 사실의 세계이고, 세상은 의미와 관계로 엮이는 세계다.

'○○한'을 어떻게 채우느냐에 따라 스스로가 어떤 세상에 살고 있으며, 어떻게 살 것인가가 정해진다. 그렇다면 사람마다 '○○한'을 채울 것이니까, 이 세계는 사람 숫자만큼의 세상이 있다.

그렇다. 세상은 하나가 아니라 무한대다. 한 사람에게도 '○○한'은 수없이 바뀌는 것이다. 한량없고, 수없이 바뀌는 사람의 세상에서 사람을 대하는 근원적이며 포괄적인 지침이 바로 친[親: 친하게 지냄]이다.

친(親) - 친함

친(親)은 부모를 나타내기도 하고, 혈족이나 인척 또는 혈족이나 인척을 대하는 태도를 의미하기도 한다. 아주 오래전의 인간관계는 혈족의 범위 안에 있었다. 예측할 수 없는 자연의 위험에서 서로에게 위안과 힘이 되어 주고, 이런저런 위험과 위협으로부터 자신을 지키고 자손을 이어갈 수 있는 가장 확실하고도 믿을 수 있는 것이 혈족이었다.

혈족은 개인과 개인의 계약에 기초한 이해(利害)의 관계가 아니라, 우리라는 공동체 속에서 주어지는 정감(情感) 관계이다. 이해와 정감의 경계가 대나무 갈라지듯 명확한 것은 아니지만 관계의 지향은 분명히 다르다. 사람 사이의 관계를 이해로 설정할 것인가, 정감으로 설정할 것인가는 공자와 맹자의 큰 고민이었다.

공자와 맹자는 사람에게는 이로움을 추구하고 손해를 피하려는 욕구가 있으며, 그 욕구는 없앨 수도 없고 없애려 해서도 안 된다는 것을 긍정한다. 오히려 특정 사람들의 욕구를 위해 다른 사람들의 욕구가 억제되거나 침해되어서는 안 된다고 주장한다. 그렇다고 해서 이로움을 얻고 손해를 피하려고 하는 욕구가 무한히 추구되어야 한다는 것은 아니다. 나의 이로움과 손해는 필연적으로 타인의 이로움과 손해와 연관되기 마련이다. 사람들이 타인과 맺는 관계의 기초를 이로움을 추구하고 손해를 피하려는 것에만 둔다면, 사람들은 서로가 자신의 이로움을 추구할 것이기 때문에 갈등이 생길 수밖에 없다.

사람 사이의 갈등이 없을 수는 없으며, 갈등이 사람 사이를 더 가깝게 하는 계기가 될 수도 있다. 그러나 사람 사이가 이로움의 추구와 손해의 회피에만 있다면 서로를 계산의 대상으로만 인식하게 될 것이다. 특히 윗자리에 있는 사람이 이로움을 추구하면 아랫사람이 이로움을 추구하게 되는 것은 당연하다. 그로 인해 위아래가 모두 이로움을 추구하면 윗사람이 아랫사람의 몫을 자신의 것으로 취할 것이며, 아랫사람 또한 윗사람의 것을 욕구하게 된다. 그래서 맹자는 이로움[이(利)] 대신에 의로움[의(義)]을 제시한다.

맹자가 친함[친(親)]이라는 관계 외에 별도로 의로움[의(義)]을 제시한 것은 사회가 커지고 역할이 분화되어 혈족에 기반하고 있는 친함의 관계로만 해결할 수 없는 구조가 되었기 때문이다. 실제로 각 제후국이 자신의 이로움을 좇아 다투게 되는 춘추전국시대는 혈족에 근거한 주나라 중심의 천하질서가 무너지는 것과 관련이 있다. 맹자는 이로움에 근거한 사람 관계는 다툼과 혼란을 가져올 것이며, 그렇다고 해서 친함으로만 사람 관계를 설정하기는 그 규모와 조직이 커지고 혼란이 심화되었다고 판단한 것이다.

친함이 포용적이고 정감적이라면, 의로움은 분별적이고 이지적이다. 분별력과 이지력은 사람마다 능력과 재질이 다른 것처럼 보이며, 배우거나 노력을 통해 얻을 수 있는 능력으로 여겨진다. 맹자가 고민했던 것이 이 부분이다. 만약 의로움이 배움과 노력으로만 얻어진다면, 능력과 배움의 기회가 없는 사람에게서 의로움을 기대할 수 없을 것이고 의로움에 기초한 인간관계를 맺으라는 주장은 그 기반부터 흔들릴 것이기 때문이다. 그래서 맹자는 의로움을 배움과 노력으로 얻는 것이 아니라 이미 모든 사람에게 주어져 있는 것으로 규정한다.

'부끄러워하고 미워하는 마음[수오지심(羞惡之心)]' 은 배움과 노력을 통해 얻는 것이 아니라는 것을 누구나 인정할 것이다. 그 마음으로 사람을 대하는 것이 바로 의로움이다. 수오지심과 의로움을 이렇게 보면 분별과 이지는 배움과 노력으로만 얻게 되는 것이 아니라, 누구나 자연적으로 품고 있는 정감이라는 차원에서 얘기될 수 있다. 더 나아가면 친함에는 부끄러워하고 미워하는 정감도 포함하고 있는 것이라고 할 수 있다. 맹자는 친함이라는 포괄적 정감 가운데 부끄러워하고 미워하는 정감을 특징적으로 제시하여 사람 사이의 기초로 삼아야 한다고 강조한 것이다.

더없이 좋음을 향해

재지어지선(在止於至善) 너와 내가 모두 '더없이 좋음'을 향해가는 데 있다.

지선(至善) – 너와 내가 함께 행복한

지선(至善)을 직역하면 '지극한 선'이고, 뜻으로 해석하면 '더없이 좋은 곳(것)'이라고 할 수 있다. 여기에는 세 가지 분석 포인트가 있다. '좋음', '곳', '것'이다. 먼저 '곳'부터 생각해보기로 하자.

'곳'으로 보면 지선은 일종의 유토피아이고 그리스도교로 보면 천국이다. 단군 신화로 얘기하면 신시이고 도교로 얘기하면 무릉도원이다. 이같이 장소로서의 지선은 일정한 공간을 의미한다. 그곳이 어떤 곳인지는 차치하더라도, 그곳은 이곳이 아닌 저곳이며 현실이 아닌 이상이다. 즉 장소로서의 지선은 아직은 도달하지 못한, 혹은 영원히 도달하지 못할 곳이다.

그러나 도달하지 못했고, 도달할 수 없다고 해서 그 가치가 없어지는 것은 아니다. 이곳은 언제나 이곳이 아니고, 저곳은 언제나 저곳이 아니다. 저곳으로 향하여 가는 모든 곳은 이곳이다. 저곳이 있어야 이곳이 있다. 이곳 때문에 저곳이 있다. 이곳이 저곳이 되었다고 해서 저곳이 없어지는 것은 아니다. 이곳과 저곳은 언제나 함께 있다. 이곳과 저곳이 합하여 하나 되는 경우는 없지만, 그렇다고 해서 이곳과 저곳이 떨어져 있지도 않다. 이곳은 저곳이 되어가기에 이곳과 저곳은 항상 겹치기 마련이다. 따라서 이곳이 저곳이 아니라고 해서 실망할 필요도 없거니와 저곳으로 인해 이곳이 변하고 있음에 고마워해야 한다.

'것'으로 보면 지선은 일종의 대상이다. 대상에는 주체가 대응되어야 한다. 나, 너, 우리, 그들이라는 주체에 따라 대상에 대한 의미가 달라진다. 똑같은 아메리카노도 나는 좋아하고 너는 싫어할 수 있다. 아메리카노라는 대상이 다른 것은 아니지만 나 혹은 너라는 주체에 따라 의미가 달라진다. 그러니 '것'은 존재하지만 '좋음'은 실체로서 객관적으로 존재하는 것이 아니라 만들어지는 것이라고 해도 될 것 같다.

'좋음'은 영어로는 good, 한자로는 선(善)으로 표현한다. 만물의 존재 근원을 이데아에서 찾는 플라톤은 존재 근원들의 근원을 '선의 이데아'라고 하였다. 존재의 궁극적 근원을 선으로 본 것이다. 그에 따른다면 개별 존재는 선으로 수렴되어가는 것이며, 모든 존재는 선의 확산인 셈이다. 그런데 존재의 근원을 선으로 특정하는 것은 선을 유일한 실체로 보는 것과 같다. 선을 실체로 본다는 것은 사람의 이런저런 행위와 관계하지 않고도 이미 선이 있다는 것이다. 그러나 실체로 있는 선이 나 혹은 너에게 의미로 존재하지는 않는다. 실체는 존재이지 가치가 아니기 때문이다.

결국, '더없이 좋음'은 '있음'에 머무는 것이 아니라 '만듦'인 것이다.

지(止) – 가서 머물다. 있을 곳에 있다. 할 것을 하다.

지(止)는 멈추다, 멎다, 머무르다 등의 뜻이 있다. 그런데 멈추려면, 멎으려면, 머무르려면 그전에 움직임을 전제한다. 그래서 '가서 멈추다.', '가서 멎는다.', '가서 머무르다.' 로 읽는 것이 나을 것 같다.

머무름은 어떤 위치를 차지하고 있다는 공간적인 의미만 있는 것은 아니다. 지에 대해 조선의 철학자 서경덕은 다음과 같이 말한다.

천하의 만물과 뭇 일들은 각각 지(止)가 없을 수 없다. 하늘이 위에 지함을 우리는 안다. 땅이 아래에 지함을 우리는 안다. 산은 솟고 물은 흐르며 새는 날고 짐승은 엎드려 각각 지하여 어지럽지 않음을 우리는 안다. 사람에게 있어서는 더욱이 지가 없을 수 없다. 지는 한 가지가 아니니, 마땅히 각각 그 처한 바에 따라 지해야 한다. 예를 들어 아비와 아들은 은(恩)에 지하고, 임금과 신하는 의(義)에 지해야 한다. 만물에는 자연법칙이고 사람에게는 본성에서 지가 나온다. 마시고 먹고 옷을 입는 것이나, 보고 듣고 말하고 움직임에 있어서 어찌 그 지할 바가 없겠는가.

'가서 머무름'은 자연 세계의 질서이면서, 동시에 인문 세상의 당위이기도 하다. 이 책《대학》에도,

"왕의 도읍 천 리야말로 백성들이 찾아가 머무르는 곳이로다!"라고 했다. 또, "아름답게 지저귀는 꾀꼬리여, 깊고 울창한 모퉁이를 찾아가 머무르는

구나!"라고도 했다.

　이 시를 들은 공자는 "깊고 울창한 모퉁이를 찾아 머물고 있으니, 가서 머물 곳을 아는구나. 사람이면서 새만도 못해서야 되겠는가!"라고 하였다.

　시경에 "깊고도 먼 문왕이시여, 아! 끊임없이 공경에 머무르셨도다."라고 했다.

　임금으로서는 인(仁)에 머무르셨고, 신하로서는 경(敬)에 머무르셨고, 아들로서는 효에 머무르셨고, 부모로서는 자애에 머무르셨고, 사람들과 사귈 때는 믿음에 머무르신 것이다.

라고 하고 있다. 꾀꼬리의 머무름은 자연 세계의 모습이고, 문왕의 머무름은 인문 세상의 당위이다. 자연 세계이든 인문 세상이든 각각에 머무름이 있어야 한다. 그런데 머무름이 정지를 말하는 것은 아니다. 서경덕은

　갈 때 가는 것은 감에 머문 것이고, 그쳐야 할 때 그치는 것은 그침에 머문 것이다.

라고 한다. 즉 머무름은 상황이나 조건, 당위에 딱 맞춘다는 의미인데, 그것을 '중용(中庸)'이라고도 한다.

　《대학》에서는 인간이 머물러야 할 것은 '더없이 좋음[지선(至善)]'으로 보고 있다. 즉 나와 너, 우리, 그들 모두가 함께 행복한 곳을 찾아 혹은 행복하기 위해 노력하여 그곳에 머물러야 한다는 것이다.

멈출 곳을 알아야

> 지지이후유정(知止而后有定) 멈출 곳을 알아야 갈 곳이 정해지고
>
> 정이후능정(定而后能靜) 갈 곳이 정해지면 흔들리지 않는다.
>
> 정이후능안(靜而后能安) 흔들리지 않아야 안정될 수 있으며
>
> 안이후능려(安而后能慮) 안정되면 깊은 생각을 할 수 있으며
>
> 려이후능득(慮而后能得) 깊은 생각을 해야 얻을 수 있다.

이후(而后) – 다음에, 하고 나면

'이후' 는 시간적 순서로 읽힌다. 이것 다음에 저것이 이어진다는 것이다. '오늘 이후 내일' , '20살 이후 21살' 등이 예가 될 수 있다. 그럴 때의 이것과 저것은 시간상으로 겹칠 수 없다는 것은 확실하지만 이것이 꼭 저것이 된다고 보장하지 못한다. "이 문제를 풀고 난 다음에 저 문제를 푼다."라고 할 때 이 문제와 저 문제는 시간적 순서 외에는 어떤 연관도 찾을 수 없다.

이후를 '하고 나면' 으로 읽을 수도 있다. '하고 나면' 은 시간적 순서와 함께 원인과 결과라는 뜻도 있다. "콩을 심고 나면 콩이 난다."가 예가 될 수 있다. 그러나 원인이 반드시 결과를 수반하는 것이 아닐 수도

있다. 콩을 심었는데 이런저런 이유로 콩이 열리지 않을 수도 있으니까.

이후를 '조건'으로 읽을 수도 있다. "가서 멈출 곳을 알아야 방향이 정해진다."가 이후를 조건으로 읽어내는 예가 될 수 있다.

이전과 이후는 시간적 앞뒤이고, 원인과 결과이고, 조건과 그에 따른 현상이다. 시간은 분명 앞과 뒤가 있으나, 시간이 객관적으로 존재하여 우리가 그 위에 타고 있는 것은 아니다. 시간의 앞과 뒤는 개체가 겪는 시간이지 보편적 시간이 아니다. 나의 하루가 너의 하루와 다르다. 똑같은 하루 같아 보이지만 누구에게는 한 달 같은 하루이고, 누구에게는 쏜 살같은 하루이다. 즉 시간은 주어지는 것 같지만, 각자의 시간은 자신이 줄이고 늘일 수 있다.

유(有), 능(能) – 있음, 할 수 있음

"지지이후유정(知止而后有定) 정이후능정(定而后能靜) 정이후능안(靜而后能安) 안이후능려(安而后能慮) 려이후능득(慮而后能得)"에서, 이후의 글자가 첫 구절만 '유(有)'이고 나머지 구절은 '능(能)'이다.

유와 능을 같은 의미의 다른 표현으로 읽을 수도 있다. 그런데 잘 읽어보면 '유-있다.'와 '능-할 수 있다.'는 차이가 있다. "~이후에 ~이 있게 된다."라고 할 때의 '있음'은 조건이 갖추어지면 저절로 어떤 상태가 된다는 의미이다. 어떤 조건이 갖추어지면 그렇게 된다는 법칙성을 말할 수도 있다. '이후'의 앞이 갖추어지면 '이후'의 뒤가 저절로 그렇게 된다는 의미이다. 즉 '이후' 앞에 강조를 두어 읽히게 된다.

그런데 "~이후에 ~할 수 있게 된다."의 '할 수 있음'은 행위자의 능동성을 전제한다. 즉 어떤 조건이 갖추어지더라도 저절로 그렇게 되는 것이 아니라 능동적 행위가 더해져야 한다는 것이다. 능동적 행위가 없으면 그렇게 될 수 없는 것이다. 따라서 '이후'의 앞이 아니라 뒤에 강조를 두어 읽어야 한다.

사람으로 주어졌지만, 어떤 사람이 되느냐는 나의 행위가 더해져야 한다. 그리고 사람이 될 가능성이 주어져 있지 않다면 능동적 행위를 더해도 사람이 될 수 없다.

이제 이런 뜻으로 위의 구절을 다시 읽어보자. 위의 구절은 다음과 같이 다섯 마디로 나누어져 있다.

① 멈출 곳을 알아야 갈 곳이 정해진다. ② 갈 곳이 정해지면 흔들리지 않는다. ③ 흔들리지 않아야 안정될 수 있다. ④ 안정되면 깊은 생각을 할 수 있다. ⑤ 깊은 생각을 해야 얻을 수 있다.

①은 주어짐의 세계, ②는 마음, ③은 몸, ④는 사려, ⑤는 참다운 존재로 읽을 수도 있다.

다시 음미하며 읽어보자.

가서 멈출 곳을 안다면 가야 할 방향이 정해져 있는 것이며, 방향이 정해져 있으면 마음이 흔들리지 않을 수 있고, 마음이 흔들리지 않는다면 몸이 안정될 수 있고, 몸이 안정되면 깊은 생각을 할 수 있고, 생각을 깊게 하면 진리를 깨우칠 수 있다.(진리를 깨우치면 참다운 자신을 찾을 수 있다.)

만물에는 뿌리와 가지가 있으며

물유본말(物有本末) 만물에는 뿌리와 가지가 있으며
사유종시(事有終始) 모든 일에는 마침과 시작이 있다.
지소선후(知所先後) 어디가 앞이고 무엇이 뒤인지 안다면
즉근도의(則近道矣) 진리에 거의 가깝게 간 것이다.

물(物), 사(事) - 만물, 일

만물의 세계는 천지(天地)라고 하고, 일의 세상은 천하(天下)라고 부른다. 천지는 자연의 모습이고, 천하는 인간의 세상이다. 천지는 주어지는 것이고, 천하는 만드는 것이다.

천하는 천지를 떠나서 존재할 수 없다. 천지의 토대에서 천하가 건설되는 것이다. 그런데 천하는 저절로 건설되지 않으며, 노력을 들여 만들어나가야 한다.

여기에서 도가와 유가의 차이가 나기 시작한다. 도가는 천지 자체의 질서가 최상이기에 천지를 변화시키지 말고 그대로 따르라고 말한다. 유가는 천지의 질서를 천하에 구현하기 위해서는 인간의 노력이 필요하다고 본다. 도가와 유가는 모두 천지의 질서를 존숭한다. 하지만 도가

는 질서에 순응해야만 한다고 보는 것이고, 유가는 질서를 실현해 나가는 것이라고 보는 셈이다. 즉 유가는 도가보다 인간의 노력과 능력을 중시한다고 할 수 있다.

천지는 만물의 세계이다. 천지도 만물 가운데 하나이기도 하다. 천지는 각각의 만물을 품은 큰 만물이고, 천지 안에는 각각의 만물이 있다. 천지이건 천지 속의 각각의 만물이건, 모든 만물은 뿌리와 가지가 있다. 뿌리로부터 가지가 나오지만, 가지가 자라야 뿌리가 자라기도 한다. 그러나 어디가 뿌리이고 어디가 가지인지를 구분하지 못하면 그 만물이 무엇인지를 모르는 것이다. 즉 만물을 파악하기 위해서는 만물의 뿌리와 가지를 구분하면 된다.

일은 사람에 의해 생긴다. 자연 세계에 사람의 손이 닿을 때 비로소 문화[culture]가 이루어진다. 자연의 세계가 천지라면 문화의 세상은 천하이다. 인간은 천지의 한 존재이지만, 천하를 이루어내는 주체이다. 그래서 인간은 또 다른 창조자이다. 모든 인간이 아름답게 살 수 있는 천하를 지어내는 사람이 바로 성인(聖人)이다. 그런데 성인이 아니라도 모두 자신의 천하를 만든다. 천지는 하나이지만 천하는 사람 수만큼 많다. 사람은 모두 자신이 살아가는 자신만의 천하를 만들기 때문이다.

천하를 만드는 것이 바로 일이다. 그리고 그 일에는 시작과 마침이 있다. 시작이 먼저이고 마침이 나중이지만, 마침이 있어야 또 다른 시작이 있다. 즉 시작과 마침은 맞물려 돌아간다. 시작과 마침은 자연의 흐름에 따라 저절로 순환하는 것이 아니라, 인간이 시작의 때와 마침의 때를 정하는 것이다. 그 시작과 마침의 때를 모르면 일은 어그러진다.

그런데 시작과 마침의 때를 정하기가 쉽지만은 않다. 시작과 마침의 때를 알면 진리에 거의 이를 수 있다고 하니 말이다. 마쳐야 하는데 마치지 않는다면, 제대로 된 시작을 못 하는 것이다. 시작해야 하는데 시작을 하지 않는다면, 제대로 된 마침을 못 하는 것이다.

그런데 마침과 시작 가운데 어느 것이 먼저이냐 하면, 아무래도 마침 같다. 우리 삶의 시작은 주어지니까 말이다. 즉 처음의 시작은 주어지고, 그 후로부터 또 다른 시작을 위해서는 무언가를 마쳐야 한다. 젖 먹는 것을 마쳐야 밥을 먹고, 기는 것을 마쳐야 걸을 수 있다.

일을 잘하는 요령은 일을 잘 시작하는 것보다 일을 잘 마치는 것에 있음을 알 수 있다.

밝은 덕을

고지욕명명덕어천하자(古之欲明明德於天下者) 선치기국(先治其國) 하늘로부터 부여받은 밝은 덕을 온 세상에 밝히고자 한다면 먼저 나라를 잘 다스려라.

욕치기국자(欲治其國者) 선제기가(先齊其家) 나라를 잘 다스리고자 한다면 먼저 집안을 가지런히 하라.

욕제기가자(欲齊其家者) 선수기신(先脩其身) 집안을 가지런히 하고자 한다면 먼저 몸을 닦아라.

욕수기신자(欲脩其身者) 선정기심(先正其心) 몸을 닦고자 한다면 먼저 마음을 바르게 하라.

욕정기심자(欲正其心者) 선성기의(先誠其意) 마음을 바르게 하려면 먼저 생각의 싹을 참되게 하라.

욕성기의자(欲誠其意者) 선치기지(先致其知) 생각의 싹을 참되게 하려면 먼저 지혜를 넓혀라.

치지재격물(致知在格物) 지혜는 만물과 사람의 일을 탐구하여 얻는다.

천하(天下), 국(國), 가(家), 신(身), 심(心), 의(意), 지(知), 물(物)
- 온 세상, 나라, 집안, 몸, 마음, 생각의 싹, 지혜, 만물과 일

몸[신(身)]을 기준으로 보아 세상, 나라, 집은 몸 밖에 있으며 마음, 뜻, 지혜는 몸 안에 있다고 구분하기도 한다. '세상, 나라, 집안, 몸, 마음, 생각의 싹, 지혜, 만물과 일'을 계열적으로 이해하기 때문이다. 하지만 세상, 나라, 집안, 몸, 마음, 생각의 싹, 지혜, 만물과 일 모두 '나'와 관계되어 있으며 '나 자신'이다. 세상도 나의 세상이고, 나라도 나의 나라이며, 집도 나의 집이고, 몸도 나의 몸이며, 마음도 나의 마음, 생각의 싹도 내 생각의 싹, 지혜도 나의 지혜, 만물과 만사도 나의 만물이고 만사이다. 만물에서 세상까지 나와 연관되어 있지 않다면 나는 나일 수 없다.

나는 집의 가족이고, 나라의 일원이고, 세계의 구성원이다. 하지만 집, 나라, 세계가 나[개인]의 집합이라면 그럴 때의 나는 다른 개인과 일대일로 교환되는 객체일 뿐이다. 집, 나라, 세계는 사실적으로 주어지는 것이지만, 나에 의해 규정되고 구성되는 것이기도 하다. 각각의 나에 의해 각각의 집, 나라, 세계가 다르게 된다. 각자가 집, 나라, 세계의 구성에 참여하고 있기 때문이다. 집, 나라, 세계의 구성에 참여하고 있는 나는 몸, 마음, 뜻의 유기적 통합체이다.

몸은 마음이 아니고 마음은 몸이 아니다. 하지만 몸과 마음이 각각의 개별적 실체인 것도 아니다.

몸 없이 작용하는 마음은 소리 없는 메아리와 같고, 마음 없이 움직이는 몸은 의미 없는 몸부림과 같다. 몸이 진정 몸이 되려면 마음에 따

라야 하고, 마음이 진정 마음이 되려면 몸을 통해 드러나야 한다.

마음을 장수, 몸을 졸병으로 비유하기도 한다. 그렇다. 우리는 보려는 마음이 없으면 보고 있어도 보지 못하고, 들으려는 마음이 없으면 듣고 있어도 듣지 못한다. 들은 것은 듣고 싶은 것이었고, 기억하고 있는 것은 기억하고 싶은 것인 셈이다. 그런데 들으려 해도 귀와 청신경이 없으면 들을 수 없고, 보려 해도 눈과 시신경이 없으면 볼 수 없다. 한편, 들으려 하지 않아도 들림으로써 듣게 되고, 보려 하지 않아도 보임으로써 보게 되기도 한다. 즉 몸이 마음을 깨우치기도 하는 것이다. 그래서 마음 수양뿐만 아니라 몸 수양도 해야 하고, 몸을 잘 가꾸기만 해서는 안 되고 마음도 바르게 해야 한다.

마음은 정해진 방향이 없고, 가지 못하는 곳이 없으며, 가지 못하는 때도 없다. 마음은 시간과 공간의 제약을 받지 않는다. 그것이 마음이 위대한 측면이면서 동시에 위험한 요인이기도 하다. 더욱이 마음은 하나가 아니다. 천 갈래, 만 갈래로 나뉠 수 있다. 나뉜다고 하여 줄어드는 것도 아니고, 합친다고 하여 늘어나는 것도 아니다. 더욱이 마음은 외부 사물에 따라 대응하는 수동태인 동시에 모든 것을 만들어내는 능동자이기도 하다.

그런 마음에 갈 곳을 일러주는 것이 뜻이다. 뜻이 없으면 마음은 고삐 풀린 망아지와 같다. 뜻은 소에 있어서의 멍에이며, 차에 있어서의 핸들이다. 뜻에 따라 마음이 움직이고, 마음에 따라 몸이 움직인다. 몸과 마음은 선후로 상호 작용하지만, 마음과 뜻은 그렇지 않다. 즉 몸이 움직여 마음이 따라올 수 있지만, 마음이 움직여 뜻을 따라오게 할 수는 없다. 설혹 마음에 뜻이 따른다고 해도 그 마음에 따르려는 뜻의 작용인 것이다.

뜻은 마음-몸-집-나라-세계의 모습과 갈 곳을 정한다. 그래서 뜻에는 지혜가 요구된다. 모두가 뜻이 있지만, 모두가 지혜를 갖고 있지는 않다. 모두가 마음, 몸, 집, 나라, 세계를 가지고 있지만, 모두의 마음, 몸, 집, 나라, 세계가 참된 것은 아니다.

뜻은 모두에게 있는 것으로 보아 선천적인 것이 분명하고, 누구나 지혜가 있는 것은 아니므로 지혜가 후천적인 것은 확실하다. 우리에게는 주어지는 면도 있고, 만들어 가는 면도 있다. 전자는 자연의 세계이고, 후자는 인문의 세상이다. 결국 마음, 몸, 집, 나라, 세계가 참 되는 것은 지혜로운 뜻에 달려 있다.

지혜를 얻을 가능성은 주어지지만, 지혜를 얻는 것은 능동적이다. 얻으려 해야만 얻을 수 있다. 지혜를 얻는 원천이 바로 만물과 일[만사]이다. 만물은 자연이고, 만사는 인문이다. 자연 세계에서도 지혜를 얻을 수 있으며 인문 세상에서도 지혜를 얻을 수 있다. 자연을 통해 얻는 지혜와 사람의 일을 통해 얻는 지혜가 다를 수도 있지만, 자연과 인문, 만물과 만사를 관통 혹은 관류하는 지혜가 궁극적인 지혜일 것이다. 그것이 《중용》에서 말하는 "천지에 참여하여 만물의 조화로운 발전을 돕는다."라는 경지일 것이다.

만물과 사람의 일을 탐구해야

물격이후지지(物格而后知至) 만물과 사람의 일을 탐구해야 지혜를 얻는다.

지지이후의성(知至而后意誠) 지혜를 얻어야 생각의 싹이 참되어진다.

의성이후심정(意誠而后心正) 생각의 싹이 참되어야 마음이 바르게 된다.

심정이후신수(心正而后身脩) 마음이 발라야 몸이 닦인다.

신수이후가제(身脩而后家齊) 몸이 닦여야 집안이 가지런해진다.

가제이후국치(家齊而后國治) 집안을 가지런히 해야 나라가 다스려진다.

국치이후천하평(國治而后天下平) 나라가 잘 다스려져야 온 세상이 평온하다.

탐구함, 이룸[얻음], 참[진실], 바름, 닦음, 가지런함, 다스림, 평온함 - 격(格), 치(致), 성(誠), 정(正), 수(修), 제(齊), 치(治), 평(平)

위의 낱말들은 동사도 되고 명사도 된다. 격(格)은 '탐구하다'도 되고 '탐구'도 된다. 격물(格物)이라고 할 때는 '만물과 만사를 탐구한다.'라고 해석하면 동사가 되지만, 물격(物格)이라고 할 때는 '만물과 만사의 탐구'가 되어 명사가 된다. 그런데 이런 문법적 논의는 중요한 것이 아니고 각각이 무엇과 대응되느냐에 있다.

격은 물(物), 치는 지(知), 성은 의(意), 정은 심(心), 수는 신(身), 제는 가(家), 치는 국(國), 평은 천하(天下)에 대응된다. 대응된다기보다는 그래야만 하는 당위로 보는 것이 옳다. 만물과 만사는 탐구해야 하고, 지혜는 얻어야 하고, 뜻은 참되어야 하고, 마음은 발라야 하고, 몸은 닦아야 하고, 집은 가지런하게 해야 하고, 나라는 다스려야 하고, 세상은 평온해야만 한다.

탐구의 대상 - 만물과 만사.

만물이면 그 사물의 뿌리와 가지[본말(本末)]를, 만사이면 그 사건의 끝과 처음[종시(終始)]을 살피는 것이다. 뿌리와 가지, 끝과 처음이 혼동되지 않을 때 사물과 사건을 제대로 알 수 있다. 사물에 대해 이해되지 않는 것은 뿌리가 어디이고 가지가 무엇인지 모르기 때문이다. 사건이 순리대로 풀리지 않는 것은 사건의 끝과 처음이 섞여 있기 때문이다. 사건의 끝과 처음을 정리하면 사건은 순리대로 펼쳐진다. 사물의 뿌리와 가지를 알아내면 사물의 참모습을 알 수 있다.

얻어야 할 것 - 지혜.

만물과 만사를 탐구하는 까닭은 탐구를 통해 지혜를 얻고자 하는 것에 있다. 지혜에는 지식이 포함될 수 있지만, 지식이 곧 지혜는 아니다. 지식은 만물과 만사의 물리적이고 현상적인 분석과 파악이다. 지혜는 만물과 만사가 어떻게 되어야만 하는 것인가에 대한 판단이고 처리이다. 지식은 지혜를 위한 자료가 되지만, 목표는 지식이 아니라 지혜를 얻는 것이다.

참되게 할 것 – 뜻.

뜻은 마음을 이끈다. 그래서 뜻은 참되어야 한다. 뜻 자체가 운동성을 갖지 않지만, 마음은 운동성이 있다. 운동성이 없는 뜻이 마음을 움직이게 한다. 뜻이 가라는 곳으로 마음은 간다. 뜻이 하라는 대로 마음은 한다. 마음이 갈 곳을 정하는 것이 뜻이기에, 뜻이 참되어야 마음이 참으로 향하여 간다. 뜻을 참되게 하기 위해 지혜를 얻어야 한다.

바르게 할 것 – 마음.

바름의 반대는 그름, 비뚤어짐이다. 바르게 한다는 것은 옳게 하는 것이고 곧게 하는 것이다. 마음이 옳으면 몸이 옳게 움직이고, 마음이 곧으면 몸은 바르게 움직인다. 마음이 그르면 몸이 옳지 못하게 움직이고, 마음이 비뚤면 몸이 흔들린다. 그런데 고정되어 있지 않고 방향도 없는 마음을 바르게 하는 것은 뜻이다. 그래서 뜻이 참되어야 한다.

닦아야 할 것 – 몸.

몸이야말로 만져지고 느껴지고 내가 나이고, 내가 있다는 것을 확인해 줄 수 있는 것이다. 몸이 없으면 뜻도 없고 마음도 없다. 몸이 없으면 가정도 없고 나라도 세상도 없다. 거꾸로 얘기하면 몸이 있어야 뜻도 있고 마음도 있다. 몸이 있어야 가정도 있고, 나라도 있고 세상도 있는 것이다. 그러니 몸을 소홀히 할 수 없다.

마음이 중요하고 몸은 덜 중요하다고 얘기하는 것은 오류이다. 마음은 몸을 통해서만 작용한다. 몸은 마음의 움직임이다. 몸이 움직이지 않으면 마음의 움직임도 없다. 그래서 몸을 닦지 않으면 마음이 어긋나게 표현된다. 바른 마음이 몸으로 바르게 드러나기 위해서는 몸을 닦아야 한다. 바꿔 말하면 몸을 닦음으로써 마음을 바르게 할 수 있고, 마음을 바르게 함으로써 몸을 닦을 수 있는 것이다.

이렇게 얘기한다고 해서 몸과 마음이 두 가지 실체인 것은 아니다. 몸은 몸이고 마음은 마음이지만, 몸이 마음이고 마음이 몸이기도 하다. 그래서 마음이 발라야 하는 것이다.

가지런히 할 것 - 집.

여기에서의 집은 가정, 정확하게 말하면 가족 구성원 간의 관계를 말한다. 가지런히 한다는 것은 가족 구성원끼리의 관계를 잘 정리하는 것과 같다.

가족은 부부로부터 시작된다. 부부는 음양의 결합이다. 부부를 음양으로 이해한다는 것은 두 가지 의미가 있다. 하나는 자연스러운 현상이라는 것이고, 둘째는 서로가 서로의 근거가 될 수밖에 없다는 것이다. 부부는 자연스러운 현상이기에 누구나 애써 배우지 않아도 짝을 찾으려 한다. 그래서 《중용》에서는 '부부를 천지의 지극함'이라고 한다. 한편 음달은 양달로부터 음달이 되고, 양달은 음달로부터 양달이 된다. 서로에게 존재적 뿌리가 되는 것이다. 나아가 음달은 음달로 있는 것이 아니라 양달이 되어가고, 양달 또한 양달로 있는 것이 아니라 음달이 되어간다. 즉 부부는 각자가 상대방이 되어가는 관계이다. 그 관계로부터 가족이 탄생한다.

가족의 두 번째 관계는 부자이다. 부자는 혈연이다. 부부가 서로에게 이끌림으로써 만난다면 부자는 하늘이 맺어 준다. 부부의 만남은 사람의 의지에 따라 정해지는 질서 곧 인륜(人倫)이지만, 부자는 하늘에 의해 주어지는 질서 곧 천륜(天倫)이다. 그래서 부부는 상호 동등성의 관계이며 좌우 관계라면, 부자는 차등의 관계이며 상하 관계이다. 상하는 선후와 본말로 설명할 수도 있다. 부모가 먼저이고 자녀가 나중이며, 부모가 뿌리이고 자녀가 가지이다. 그렇다면 부자의 관계를 가지런히 하는 일차적 책무는 뿌리인 부모에게 있다. 부모가 자녀를 이끄는 것이지, 자녀가 부모를 이끄는 것이 아니다. 자녀가 부모를 봉양하기 전에 부모가 자녀를 부양하는 것이다.

가족의 세 번째 관계는 형제자매이다. 형제자매는 혈연이기 때문에 사람의 힘으로 끊을 수 없는 것은 부자와 같다. 부모의 입장에서 볼 때 형제자매는 동등하다. 하지만 형제자매의 입장에서 볼 때는 선후가 있다. 물론, 본말은 없다. 그러면 형제자매 관계는 선후를 잘 정리하고 따르는 것이다. 본말보다는 덜 하지만, 선후 또한 후보다는 선의 책무가 중요하다. 결국 집을 가지런히 한다는 것은 자신의 몸을 닦는 것에서 시작되는 것이다.

　다스릴 것 – 나라. 평온하게 할 것 – 온 세상.

　이 두 가지는 통치자에게만 해당하는 것으로 읽힐 수도 있다. 《대학》
이라는 책 자체를 제왕의 정치에 관한 책으로 보는 입장도 있다. 고대와
중세 동양에서 통치 행위는 제한된 사람에게만 허용된 것이기에 타당
하다고 하겠다.

　하지만 현대와 같은 민주주의 체제에서는 모든 국민이 통치자로서의
통치 행위를 할 수 있는 권한과 의무가 있으며, 그리고 지구촌이 되어있
는 현 세계에서 온 세상의 평온을 바라거나 그것을 위해 행동할 자유와
권한도 있다. 물론, 모든 국민이 법을 제정하거나 행정 행위를 할 수 있
다는 것은 아니다. 하지만 이제는 모두가 삶의 주체이며, 세계의 구성원
이면서 동시에 세계를 구성하는 존재이다. 따라서 나라와 세상 또한 모
든 이의 삶 안에 들어와 있으며 모든 이는 나라를 다스리고 세상을 평온
하게 하는 주체가 될 수 있다.

가장 높은 자리에 있는 통치자부터

자천자이지어서인(自天子以至於庶人) 일시개이수신위본(壹 是皆以脩身爲本) 가장 높은 자리에 있는 통치자부터 보통 사람에 이 르기까지 한결같이 모두 몸 닦기를 근본으로 삼아야 한다.

기본난이말지차부의(其本亂而末治者否矣) 근본이 혼란스러운 데 말단이 잘 정리되는 것은 있을 수 없다.

기소후자박이(其所厚者薄而) 기소박자후미지유야(其所薄者 厚未之有也) 후하게 해야 할 것에 박하게 하면서 박하게 해도 될 것에 후하게 하는 사람은 없다.

차위지본(此謂之本) 차위지지지야(此謂知之至也) 이것을 일러 근본이라고 하며 지혜가 지극하다고 한다.

일시개이수신위본(壹是皆以脩身爲本) − 한결같이 모두가 몸을 닦는 것을 근본으로 삼아야 한다.

격물, 치지, 성의, 정심은 몸의 내적인 요소이다. 수신이라고 하면 이 미 그것들을 포함하고 있다. 누구나 몸은 있다. 몸에는 마음, 뜻이 있고 만물과 만사를 통해 지혜를 얻을 수 있다. 그러니 몸을 닦는 것은 신분,

성별, 직위와 무관한 것이다.

수신은 격물, 치지, 성의, 정심을 내면으로 한다. 제가, 치국, 평천하는 수신의 외면이다. 수신은 내외를 통일하고 연결하고 실현하는 주체이다. 따라서 수신이야말로 근본이다. 몸이 닦이지 않으면 내면이 얽히고 외면이 방향을 잡지 못한다.

나 자신을 인식하고 확인할 수 있으며, 나를 드러내는 가장 확실한 것은 몸이다. 모든 것은 몸을 통해 드러난다. 허니 몸을 소중히 해야 한다. 몸을 소중히 하는 것에 건강과 몸매가 포함되는 것이 당연하다. 건강하지 못한 몸으로는 표현이 완전하지 못할 수 있다. 그러니 몸을 건강하게 하는 것도 수신의 한 방법이 된다.

그런데 몸은 듣는 것, 보는 것, 말하는 것, 움직이는 것[시청언동(視聽言動)]을 통해 표현된다. 따라서 몸을 닦는 것은 듣고 보는 것과 같은 감각 기관과 언어, 행동을 대상으로 한다.

감각 기관은 외부의 자극을 받아들이고 반응한다. 따라서 감각 기관을 닦는 것은 외부 자극의 선정과 배척, 자극에 대한 반응 방식과 정도를 결정하는 것이다.

언어는 몸을 닦는 것의 핵심이다. 말은 칼보다 날카로우며, 파발마보다 빠르며, 지진보다 여운이 길며, 부메랑처럼 자신에게 되돌아온다. 얼굴은 그 사람의 겉을 보여주지만, 말은 그 사람의 속을 드러낸다. 얼굴은 외과적으로 변형시킬 수 있지만, 말은 의사의 수술로 바뀌지 않는다. 말을 어떻게 해야 하는 것이 좋은지 모르는 사람은 없다. 무엇이 좋은지 알지만 그렇게 말하지 않을 뿐이다.

행동은 몸의 가장 직접적이고 큰 표현이다. 말은 뜻을 전달할 뿐이지만 행동은 뜻을 실행한다. 행동은 반드시 결과를 동반한다. 어떤 결과를 얻을 것인지는 어떤 행동을 할 것인가와 관련 있다. 결과를 떠올리며 행동하는 것도 몸을 닦는 하나의 방법이다.

본말(本末), 후박(厚薄) – 근본과 말단, 후함과 박함

본말은 만물에 관련된 것이고, 후박은 사람에 관련된 것이다.

만물에는 뿌리와 가지가 있다. 뿌리와 가지는 선후의 관계이지만 뿌리에서 가지로만 정보와 양분이 흐르는 것은 아니다. 가지에서 뿌리로도 흐른다. 그렇게 연결되어 있다. 하지만 뿌리가 가지는 아니다. 뿌리는 뿌리이고 가지는 가지이다. 혼란은 뿌리끼리, 가지끼리 얽히는 데서 오는 것이 아니라 뿌리와 가지가 얽히는 데서 온다. 혼란은 뿌리로부터 올 수도 있고, 가지로부터 올 수도 있다.

만약, 혼란이 가지로부터 왔다면 그때는 가지가 혼란의 근본이다. 가지의 문제인데 뿌리를 건드릴 필요는 없다. 그런데 혼란이 뿌리로부터 왔다면 가지까지 혼란해진다. 그때는 가지가 아니라 뿌리를 바로잡아야 한다. 그래서 뿌리가 어지러운데 가지가 잘 정리되는 것은 없다는 것이다.

후하고 박한 것은 사람을 대하는 태도이다. 사람을 대하는 태도이기에 상대가 있기 마련이다. 몇 가지 경우를 생각해보자. 모든 상대를 후하게 대하기. 후하게 대할 상대를 후하게 대하기. 후하게 대할 상대를 박하게 대하기. 박하게 대할 상대를 후하게 대하기. 박하게 대할 상대를 박하게 대하기. 모든 상대를 박하게 대하기. 여섯 가지 경우가 있을 것 같다.

모든 상대를 후하게 대하기

가능할까? 유학에서는 가능하지 않으며 옳지도 않다고 본다. 사랑은 자연스러운 감정이지만 사랑의 펼침에는 가깝고 먼 것, 깊고 얕은 것이 있는 것이 자연스럽다. 자신의 애인을 대하는 것과 다른 이의 애인을 대하는 것에 차이가 있어야 한다. 다른 이의 애인을 자신의 애인 대하듯 한다면 애인을 인정하지 않는 것과 같다.

후하게 대할 상대를 후하게 대하기

바람직한 태도이다. 그런데 후하게 대할 상대를 누구로 볼 것인가가 중요하다. 답은 정해져 있다. 나를 중심으로 가까운 사람일수록 후하게 대해야 한다.

가까움의 첫째 기준은 혈족이다. 가장 가까운 혈족은 부모와 자녀 사이이다. 그래서 부자 사이는 모든 인간관계의 기준이고 모범이다. 부자 사이는 일반적 사회규범이 그대로 적용되지 않는다. 부자 사이는 서로의 잘못을 드러내지 않고 묻어주기도 해야 한다.

후하게 대할 상대의 둘째 기준은 감정이다. 물론 이럴 때의 감정은 일방적인 것이 아니라, 오고 가는 감정이어야 한다. 부부 사이가 이에 해당한다. 아내와 남편에게 박하게 대하는 사람이 다른 사람을 후하게 대한다면 옳지 못하다.

가까움의 셋째 기준은 정신이다. 사람은 정신적 존재이다. 정신을 사상이라고 해도 좋고 삶의 방식이라고 해도 좋다. 어찌 되었든 나의 정신은 주어지는 것이 아니라 만들어지는 것인데, 나의 정신이 만들어지기 위해서는 누군가의 도움이 필요하다. 바로 스승이다. 그래서 사제 사이는 부자 사이만큼 가깝다. 만약, 자신의 스승에게 박하게 대하고 다른 선생에게 후하게 대한다면 그것은 배신이다.

후하게 대할 상대를 박하게 대하기

가장 나쁜 것이다. 후하게 대할 상대를 박하게 대하는 사람이라면 박하게 대해도 되는 사람은 사람으로 대하지도 않을 것이다. 후하게 대해야 할 부모나 자녀에게 박하게 대하는 사람이 다른 사람을 후하게 대한다면, 그것은 진정이 아니라 거짓이다. 이 책 《대학》에서도 가장 경계하는 것이다.

박하게 대해도 되는 상대를 후하게 대하기

전제에 따라 평가가 달라질 수 있다. 만약, 후하게 대할 상대를 후하게 대하고서 박하게 대해도 되는 상대를 후하게 대했다면, 최적이라고 할 수는 없지만 나쁜 것이라고 할 수도 없다. 하지만 후하게 대해야 할 상대를 박하게 대하고서 박해도 되는 상대를 후하게 대한다면, 그것은 자연스러운 감정이 아니라 의도나 목적을 위해 감정을 속이는 것이 확실하다.

박하게 대할 상대를 박하게 대하기

평가하기 어려울 듯하다. 사람을 박하게 대한다는 것이 괜찮을까 싶다. 하지만 사람은 가깝고 먼 관계로 이루어진다. 나로부터 멀어질수록 관계의 농도도 엷어진다. 고대 중국의 묵자라는 사상가는 가깝고 멂에 차이를 두지 말고 동등하게 사랑하라고 강조한다. 지구촌 시대에 가정, 국가, 민족이라는 기준으로 사람을 구분하여 대하는 것은 옳지 않다는 주장도 있다. 그런 주장이 차별로 인한 사회 혼란 해소에 시사점을 줄 수 있기는 하지만, 그 주장대로 사람들이 실행할 수 있을지는 생각해볼 일이다. 아침저녁으로 만나는 이웃과 먼 나라의 국민이 나에게 같은 의미로 다가오지 않는 것이 사실이고 자연스러운 것이다. 이웃과 먼 나라의 국민에게 대하는 정도에는 후하고 박한 차이가 있는 것이 자연스러운 것이고, 그렇게 하라는 것이다. 물론, 후하고 박한 정도가 있다는 것이지 사람으로서의 기본적 대접을 하지 말라는 것은 아니다.

가족과 친하고 사람을 사랑하고 만물을 아끼는 것. 그것이 바로 후하고 박함의 기본적인 기준이다.

생각의 싹이 참되려면

소위성기의자(所謂誠其意者) 무자기야(毋自欺也) 생각의 싹이 참되려면 자신에게 거짓이 없어야 한다.

여오악취(如惡惡臭) 여호호색(如好好色) 악취를 맡으면 저절로 싫고, 좋은 얼굴빛을 보면 저절로 좋다.

차지위자겸(此之謂自謙) 이를 '자신에게 겸손하다.'라고 한다.

고군자필신기독야(故君子必愼其獨也) 그래서 참된 사람은 남이 보지 않고 홀로 있을 때 더욱 조심한다.

소인한거위불선(小人閒居爲不善) 무소부지(無所不至) 어리석은 사람은 남이 보지 않고 홀로 있을 때는 좋지 않은 행동을 거침없이 하다가

견군자이후염연(見君子而后厭然) 엄기불선(揜其不善) 이저기선(而著其善) 참된 사람을 보면 아무 일도 없었다는 듯 좋지 않은 행동을 감추고 좋은 행동만을 드러내려고 한다.

인지시기여견기폐간연(人之視己如見其肺肝然) 즉하익의(則何益矣) 그러나 마치 폐와 간을 들여다보고 있는 것과 같이 사람들이 바라보고 있으니 어떤 도움이 있겠는가.

차위성어중형어외(此謂誠於中形於外) 고군자필신기독야(故

君子必愼其獨也) 마음속의 뜻은 반드시 밖으로 드러난다. 그러니 참된 사람은 홀로 있을 때 더욱 조심한다.

증자왈 십목소시 십수소지(曾子曰十目所視十手所指) 기엄호(其嚴乎) 증자가 "열 개의 눈이 살피고 있으며, 열 개의 손가락이 가리키고 있다."라고 했으니 그 얼마나 엄중한 말인가.

부윤옥(富潤屋) 덕윤신(德潤身) 심광체반(心廣體胖) 물질의 풍요는 집을 윤택하게 하고 밝은 덕은 몸을 빛나게 하나니, 마음이 떳떳하면 몸이 반듯해지기 마련이다.

고군자필성기의(故君子必誠其意) 그래서 참된 사람은 생각의 싹을 참되게 한다.

여오악취(如惡惡臭) 여호호색(如好好色) ─ 악취를 맡으면 저절로 싫고, 좋은 얼굴빛을 보면 저절로 좋다.

나쁜 냄새가 나면 저절로 눈살이 찡그려지고 손으로 코를 막는다. 싫어서이다. 싫어하는 이유가 없다. 저절로 싫다. 좋은 얼굴빛을 보면 저절로 입가에 미소가 지어진다. 좋아서이다. 좋아하는 이유가 없다. 저절로 좋다.

싫은 것을 싫다 하고, 좋은 것을 좋다 하는 것이 무자기(毋自欺)이다. 공자는《시경》의 시 삼백여 편을 평하기를,

시경에 있는 시 모두가 자신에게 (한 치의) 거짓도 없구나.[시삼백무자기

(詩三百毋自欺也)]

라고 했다. 여기에서 '무자기'라는 말이 나왔다.

어찌 되었든 시는 감정의 표현이다. 우리가 시를 읽고 같은 감정을 느끼는 것, 곧 공감하는 것은 그 시가 거짓 없는 감정을 담고 있기 때문이다. 미사여구와 운율을 갖춘 시라고 해도 감정이 담겨 있지 않다면 우리는 그 시를 이해할 수는 있지만 공감하지는 않는다. 또 거짓 감정을 담고 있다면 공감이 아니라 반감을 갖게 될 것이다. 이렇듯 감정은 저절로 좋아함과 싫어함이 있다. 그 자연스러운 감정을 속이지 않아야 뜻이 참되게 된다.

뜻은 감각[의 지각]으로 시작해서 감정을 통해 온다. 악취를 맡음으로써 싫다는 감정이, 아름다운 얼굴빛을 봄으로써 좋다는 감정이 뜻을 가져온다. 싫다 좋다는 감정이 뜻이 되는 것이다.

도덕 또한 상대를 대하는 지각과 감정에서 나온다. 좋은 얼굴빛을 저절로 좋아하듯 자녀가 부모에게, 부모가 자녀에게 친함을 느끼는 것도 자연스러운 감정이다. 악취를 싫어하면서도 좋아하는 것처럼 꾸미는 것이 거짓이고, 부모를 사랑하면서도 그렇지 않은 것처럼 꾸미는 것이 거짓이다. 우물로 기어가고 있는 어린아이를 보고 안타까움을 느끼는 것이 자연스러운 감정이며 뜻이다.

안타까운 것을 안타깝게 느끼는 것이 선(善)이다. 안타까운 것을 안타깝다 하지 않는 것이 불선(不善)이다. 그래서 《중용》에서는 기쁨, 성

냄, 좋아함, 즐거움[희로애락(喜怒哀樂)]을 거짓 없이 드러낼 것을 강조한다.

자겸(自謙), 신기독야(愼其獨也) - 스스로에게 겸손함, 홀로 있을 때 반드시 삼감

겸손은 상대에 대한 나의 태도이고, 자겸은 자신에 대한 자신의 태도이다. 자신의 감정에 거짓이 없는 사람은 자신에게 겸손하다. 자신의 감정에 거짓이 없으면 타인에 대해서도 겸손해진다. 감정을 속일 때 몸도 마음도 굳어진다.

감정은 대상에 대한 반응이다. 즉 감정은 관계이다. 감정은 사물, 사람, 사건과의 관계이다. 관계에 따라 자연스럽게 발현되는 감정, 그것이 선이다. 그런데 아직 감정의 대상이 없을 때, 다시 말하면 사물이든 사람이든 또는 사건과의 대응이 없을 때, 관계를 맺지 않고 있을 때의 감정이 문제이다.

대상이 정해지지 않았기 때문에 감정은 제약을 받지 않고 정해진 방향 없이 어디로든 튀어 다닐 수 있다. 멋대로 튀어 나간 감정은 대상을 고려하지 않았기 때문에 대상과의 관계에서 나오는 자연스럽고 적절한 감정이 아니게 된다.

따라서 홀로 있을 때, 감정의 대상이 없을 때 감정이 방향 없이 튀어 나가지 않도록 더욱 조심해야 한다. 홀로 있을 때의 감정은 제약을 받지 않고, 제약 없이 튀는 감정은 불특정 대상에게 적절하지 못한 대응을 하게 된다. 따라서 홀로 있을 때 더욱 감정을 꼭 쥐고 있어야 한다.

성어중형어외(誠於中形於外) – 안으로 뜻이 참되면 밖으로 드러
난다.

나의 외면과 내면이 구분되기는 하지만 분리되어 있지도 않다. 뜻,
마음, 몸, 집, 나라, 세상이 형태나 개념적으로 구별되지만, 사실에서는
끊어짐이 없는 연결이다. 마음과 몸이 서로 영향을 주고받듯이 모든 것
이 서로가 서로에게 끊임없이 오간다. 따라서 내면은 외면에 드러나기
마련이다. 내면의 뜻이 진실하면 외면에 반드시 드러나기 마련이고, 뜻
에 거짓이 있으면 그것도 외면으로 드러난다.

내면이 외면으로 드러나는 것은 홀로 있을 때 더욱 적나라하게 드러
난다. 홀로 있다는 것은 남에게 드러나지 않는 은밀함, 익명으로 이해된
다. 그러나 우리는 홀로 있을 때 자신이 더 적나라하게 드러난다고 여긴
다. 남들과 관계 속에 있을 때는 남들 속의 나이기 때문이다.

그렇다. 관계 속에서의 나는 모두가 보고 있고 모두에 의해 내가 접촉
되고 있다고 여긴다. 관계를 맺고 있지 않을 때, 즉 홀로 있을 때[독(獨)]
는 나를 보는 누구도 없고, 나와 접촉되는 무엇도 없는 것으로 여기게
된다. 관계 속에서는 나를 보고 있는 눈들과 나와 접촉되고 있는 손들에
의해 긴장 속에 있게 되는 것이 사실이다. 그러나 홀로 있을 때의 뜻은
대상이 없으므로 관계라는 거름망 없이 드러난다. 관계라는 거름망이
없어질 때 뜻은 방향성도 제약도 없이 흘러간다.

그러나 남이 보지 않고 있을지라도 내면의 뜻은 외면으로 더욱 선명하게 드러난다. 관계라는 거름망이 없기 때문이다. 홀로 있을 때의 내면은 은밀하고 숨겨져 있는 것이 아니라, 열 개의 눈이 보고 열 개의 손이 가리키듯이 적나라한 것이다.

심광체반(心廣體胖) - 마음이 떳떳하면 몸이 반듯해진다.

재화는 자신을 넘어 가족 공동체까지 풍요롭게 할 수 있다. 재화의 가치는 풍요를 홀로 누리는 것이 아니라 공동체와 함께 누릴 때 의미가 발생한다. 그래서 재화는 개인이 아니라 집을 윤택하게 한다는 것이다. 여기에서의 집은 혈연적 가족을 넘어서는 공동체이다. 금고 안에 쌓여있는 재화는 소유욕을 채워줄 뿐이지 재화로서의 가치가 없다. 재화는 윤택을 가져올 때 가치를 갖는다.

재화가 나 자체를 윤택하게 해주지는 못한다. 겉모습으로서의 나는 윤택하게 치장할 수 있겠지만, 그 치장이 벗겨지면 초라해진다. 치장이 있든 없든 나를 윤택하게 하는 것은 덕(德)이다. 내면의 뜻은 반드시 밖으로 드러난다.

덕이 있는 사람은 덕이 있다는 것이 반드시 표출된다. 특정한 행위를 통해서도 드러나지만, 그 사람의 손짓이나 표정에서도 드러난다. 특히 맹자는

사람의 내면을 보는 데는 눈동자보다 좋은 것이 없다. 눈동자는 내면의 악

을 감추지 못한다. 가슴 속이 바르면 눈동자가 밝고, 가슴 속이 바르지 않으면 눈동자가 흐리다. 그 말을 듣고 그 눈동자를 보는데 사람이 어떻게 자신을 숨길 수 있겠는가.

라고 했다.

그래서 마음이 떳떳한 사람은 몸도 바르게 된다. 마음에 거짓이 있는 사람은 몸도 굽는다. 여기에서의 몸은 마음이 길러내는 몸이다. 음식을 섭취하고 운동하여 만들어지는 몸이 아니라 바른 마음이 표출되는 몸이다. 그런 사람의 몸은 반듯하고 윤택하다.

재화, 덕, 떳떳한 마음 세 가지 모두를 가지는 것이 가장 좋은 삶이 될 것이다. 이 세 가지는 얻기 위해 노력할 가치가 있는 것들이다. 그런데 세 가지 가운데 재화는 외적 조건에 영향을 많이 받는다. 덕과 떳떳한 마음은 오로지 나의 문제이다. 재화는 누구나 많이 취할 가능성이 주어져 있는 것이 아니지만, 덕과 떳떳한 마음은 누구나 취할 수 있는 동등한 가능성으로 주어져 있다. 어느 것을 취할 것인가?

저 기수 모퉁이에 있는 푸른 대나무가

시운(詩云) 이런 시가 있다.

첨피기오 녹죽의의(瞻彼淇澳菉竹猗猗) "저 기수 모퉁이에 있는 푸른 대나무가 아름답기도 하구나!

유비군자(有斐君子) 학식 높은 참된 사람이여

여절여차 여탁여마(如切如磋如琢如磨) 잘라 놓은 듯 갈아 놓은 듯 쪼아놓은 듯 다듬어 놓은 듯하네.

슬혜한혜 혁혜훤혜(瑟兮僩兮赫兮喧兮) 꼼꼼하고 굳세고 빛나고 점잖으니

유비군자(有斐君子) 종불가훤혜(終不可諠兮) 학식 높은 참된 사람이여 끝내 잊히지 않는구나!"

여절여차자 도학야(如切如磋者道學也) 여탁여마자 자수야(如琢如磨者自脩也) '잘라 놓은 듯 갈아 놓은 듯'은 공부를, '쪼아놓은 듯 다듬어 놓은 듯'은 몸 닦음을 말한다.

슬혜한혜자 순율야(瑟兮僩兮者恂慄也) 혁혜훤혜자 위의야(赫兮喧兮者威儀也) '꼼꼼하고 굳세고'는 그것을 본 백성들이 진심으로 두려워하고 있음을, '빛나고 점잖으니'는 밖으로 드러나는 위엄을 표현

한 것이다.

유비군자 종불가훤혜자(有斐君子不可諠兮者) 도성덕지선 민지불망야(道盛德至善民之不能忘也) '학식 높은 참된 사람이여, 끝내 잊히지 않는구나!'는 더없이 좋음을 누렸음을 백성들이 잊지 못하는 것이다.

시운(詩云) 이런 시도 있다.

오희전왕불망(於戲前王不忘) "아아, 앞선 왕들을 잊을 수가 없구나!"

군자현기현이(君子賢其賢而) 친기친(親其親) 참된 사람은 그 왕이 어질게 대한 사람을 어질게 대하고 친하게 대한 사람을 친하게 대한다.

소인락기락이(小人樂其樂而) 이기리(利其利) 보통 사람은 그 왕이 즐거워한 것을 즐거워하고 이롭게 해준 것을 이롭다고 여긴다.

차이몰세불망야(此以沒世不忘也) 그렇기에 세상이 변해도 잊지 못하는 것이다.

여절여차(如切如磋) 여탁여마(如琢如磨) - 잘라 놓은 듯, 갈아 놓은 듯, 쪼아놓은 듯, 다듬어 놓은 듯

자르고, 갈고, 쪼고, 다듬고. 매우 적극적이고 지속적인 활동이다. 노자, 장자의 도가와 구별되는 점이기도 하다. 도가에서는 있는 그대로의

모습이나 상태를 바람직한 것으로 본다. 노자는 아무런 가공이 되지 않은 그대로의 모습을 박(樸)이라고 한다. 박은 다듬어지지 않아 세련되지는 않지만, 아름다움으로 치면 자연미, 소박미이다.

노자와 장자는 자연 세계의 자연스러움이 인문 세상의 질서에도 그대로 적용되어야 한다고 본다. 인문 세상의 혼란과 다툼은 있는 그대로의 모습을 부정하고 다양성을 파괴하기 때문이라고 본다. 세계를 구성하는 개체들은 개체 각각의 모습을 가지고 있다. 개체의 모습이 다르기에 일관성과 통일성이 없는 것처럼 보이기도 하지만, 그것이 바로 자연의 모습이다. 각각의 나무들이 각기 다른 모습으로 있지만, 그것이 숲의 모습인 것과 같다.

유학 또한 자연 세계로부터 인문 세상의 질서를 찾고 있는 것은 도가와 다르지 않다. 도가가 개체 각각의 있는 그대로의 모습을 중시한다면, 유학은 개체의 본질적 측면을 중시한다고 할 수 있다. 예를 들면, 도가에서는 나무 하나하나가 있는 그대로 모여 있는 것이 숲이라고 본다면, 유학은 모든 나무는 나무로서의 본질이라는 면에서 다르지 않으며 나무는 나무여야 한다는 것이다. 특히 자연 세계에서는 질서가 저절로 이루어지지만 인문 세상에서는 인간의 노력이 개입되어야 가능하다고 본다.

자연 세계가 만물의 모임이라면 인문 세상은 사람의 모임이다. 사람은 모두 사람이라는 면에서 본질적으로 동등하다. 나무가 나무다운 것은 무위(無爲)로 가능하지만, 사람이 사람다운 것은 무위로는 불가능하다. 왜냐하면, 나무는 나무로 주어지지만, 사람은 사람으로서 주어지면서 동시에 형성되어가는 존재이기 때문이다. 인성이 주어지는 것은 무위의 측면이지만 인성이 실현되는 것은 유위(有爲)로서만 가능하다.

절차탁마는 원석을 다듬어 옥(玉)을 만들어내는 과정으로 몸을 닦는 것을 빗댄 것이다. 원석은 자연이고 옥은 인위이다. 절차탁마를 거쳐야 옥이 된다. 원석은 원석으로서의 가치와 아름다움이 있다. 옥은 옥으로서의 가치와 아름다움이 있다. 원석은 모든 사람에게 주어진 밝은 덕이고[명덕(明德)]이고, 옥은 밝은 덕을 밝힌 것[명(明)]이다.

원석은 명덕이고, 옥은 명명덕이다. 명덕에서 명명덕으로의 변환이 바로 절차탁마이다. 명덕은 자연이고, 명명덕은 인문이다.

유학에서 강조하는 것은 밝은 덕이 '있다'가 아니라 밝은 덕을 '밝혀라'에 있다. '밝은 덕'이라는 명사가 아니라 '밝혀라'라는 동사에 있다. 그래서 "밝은 덕을 발휘하라.", "하늘의 밝은 명령을 돌아보아라.", "크고 밝은 덕을 발휘하라."라는 전거를 계속해서 강조하는 것이다.

밝은 덕을 발휘하라

강고왈 극명덕(康誥曰克明德) 강고에 "밝은 덕을 발휘하라."라고
했다.

태갑왈 고시천지명명(大甲曰顧諟天之明命) 태갑에 "하늘의 밝
은 명령을 돌아보라."라고 했다.

제전왈 극명준덕(帝典曰克明峻德) 제전에 "크고 밝은 덕을 발휘하
라."라고 했다.

개자명야(皆自明也) 모두 자신에게 있는 밝은 덕을 스스로 밝히라는
뜻이다.

탕지반명왈 구일신 일일신 우일신(湯之盤銘曰苟日新日日新
又日新) 탕왕은 "날로 새로워지고 날마다 새로워지고 또 나날이 새로
워져라."라고 세숫대야에 글귀를 새겨 놓았다.

강고왈 작신민(康誥曰作新民) 강고에 "백성들의 밝은 덕을 떨쳐 일
으켜라."라고 했다.

시운 주구수방 기명유신(詩云周雖舊邦其命惟新) 시에 "주나라
가 비록 오래된 나라이지만 하늘의 명령은 오히려 새롭다."라고 했다.

시고군자 무소불용기극(是故君子無所不用其極) 그렇기에 참된
이는 자신과 백성과 나라에 대해 최선을 다하지 않음이 없는 것이다.

시운 방기천리 유민소지(詩云邦畿千里惟民所止) 시에 "왕의 도읍 천 리야말로 백성들이 찾아가 머무는 곳이로다!"라고 했다.

시운 민만황조 지우구우(詩云緡蠻黃鳥止于丘隅) 시에 "아름답게 지저귀는 꾀꼬리여, 깊고 울창한 모퉁이를 찾아가 머무는구나!"라고도 했다.

자왈(子曰) 어지(於止) 지기소지(知其所止) 가이인이불여조호(可以人而不如鳥乎) 공자는 "깊고 울창한 모퉁이를 찾아 머물고 있으니 가서 머물 곳을 아는구나. 사람이면서 새만도 못해서야 되겠는가!"라고 하였다.

시운(詩云) 목목문왕(穆穆文王) 오집희경지(於緝熙敬止) 시에 "깊고도 먼 문왕이시여. 아! 끊임없이 공경에 머무셨도다."라고 했다.

위인군지어인(爲人君止於仁) 임금으로서는 인(仁)에 머무셨고

위인신지어경(爲人臣止於敬) 신하로서는 경(敬)에 머무셨고

위인자지어효(爲人子止於孝) 아들로서는 효에 머무셨고

위인부지어자(爲人父止於慈) 부모로서는 자애에 머무셨고

여국인교지어신(與國人交止於信) 사람들과 사귈 때는 믿음에 머무셨다.

자왈(子曰) 청송오유인야(聽訟吾猶人也) 필야사무송호(必也使無訟乎) 공자는 "송사 처리는 나도 남들처럼 할 수 있다. 그러나 나는 송사가 없도록 하겠노라!"라고 하셨다.

무정자부득진기사(無情者不得盡其辭) 대외민지(大畏民志) 진

실하지 못한 사람에게 하고 싶은 말을 다 하지 못하게 하는 것은 백성들의 의지를 두렵게 여기도록 하고자 함이다.

차위지본(此謂知本) 이를 일러 '근본을 안다.'라고 한다.

일신(日新) 일일신(日日新) 우일신(又日新) - 날로 새롭고, 나날이 새롭고, 또 날로 새롭다.

갓난아기. 하루가 다르게 자란다. 말 그대로 날로 새롭고, 나날이 새롭다. 아기가 자라는 것이 보인다. 아기의 육체와 정신이 자라는 것이 보인다. 왜 보이냐 하면 새롭기 때문이다.

새로운 것은 없던 것이 생기는 것이기보다는 있던 것의 변화이다. 없던 것이 생기는 것이 새로움이라면 새로워질 수 있는 사람은 거의 없다. 아기의 새로움은 없던 것이 생기는 것이 아니라, 아기 자체가 자라는 새로움이다. 아기에게 자랄 수 있는 싹이 이미 있기에 아기는 자란다.

아기만이 아니라 어른도 사실은 매일 새롭다. 육체적으로 자라는 속도가 늦어지거나 자람이 멈추었더라도 어제의 몸과 오늘의 몸이 같지 않다. 육체의 성장은 정점을 거쳐 쇠락하겠지만, 내면의 성장에는 정점이 없다. 내면은 날로 새로울 수도 있고, 날로 어두워질 수도 있다. 새로워진다는 것은 밝아진다는 것이다. 육체는 자라지만, 내면은 밝아진다. 내면이 밝아질 수 있는 것은 물론 밝은 덕, 곧 명덕(明德) 때문이다.

밝은 덕이 주어지는 것은 보편적이고 자연적이지만, 그것을 밝히는 것은 인위적 노력이다. 그 노력의 극치가 절차탁마이다. 절차탁마를 통해 날로 새롭고, 나날이 새로운 것이 밝힘의 극치이다.

매일매일이 새롭다면 그 삶은 언제나 새 삶이다. 새로움은 육체의 변화가 아니라 내면의 성장이다. 내면의 밝은 덕이 밝아지면 그 밝음은 자신의 내면을 넘어 다른 이의 내면도 비춘다. 날로 밝아지고, 나날이 밝아지면 그 밝음은 온 세상을 밝힐 수 있다. 나로부터, 집, 나라, 온 세상까지 밝아지는 그것 자체가 나날이 새로움이다. 그것보다 더한 새로움이 없다. 그것보다 벅찬 행복도 없다. 그런 사람이 군자이다.

몸을 닦는 것은

소위수신재정기심자(所謂脩身在正其心者) 몸을 닦는 것은 마음을 바르게 하는 것에 달려 있다.

신유소분치 즉부득기정(身有所忿懥則不得其正) 몸에 성냄이 있으면 마음이 바르지 않게 된다.

유소공구 즉부득기정(有所恐懼則不得其正) 두려움이 있으면 마음이 바르지 않게 된다.

유소호락 즉부득기정(有所好樂則不得其正) 즐거움에 빠지면 마음이 바르지 않게 된다.

유소우환 즉부득기정(有所憂患則不得其正) 근심이 있으면 마음이 바르지 않게 된다.

심부재언 시이불견(心不在焉視而不見) 청이불문(聽而不聞) 식이부지기미(食而不知其味) 마음이 없다면 보아도 보이지 않으며 들어도 들리지 않고 먹어도 맛을 모르게 된다.

차위수신재정기심(此謂脩身在正其心) 이를 일러 '몸을 닦는 것은 마음을 바르게 하는 것에 달려 있다'라고 한다.

분치(忿懥), 공구(恐懼), 호락(好樂), 우환(憂患) – 성냄, 두려움, 즐거움, 근심

《중용》에서는 기쁨, 성냄, 좋아함, 즐거움[희로애락(喜怒哀樂)]의 감정을 말하고 있다. 그런데 여기서는 성냄, 두려움, 즐거움, 근심[분치(忿懥), 공구(恐懼), 호락(好樂), 우환(憂患)]이라는 감정을 말하고 있다.《중용》에서 말하는 감정이나, 여기에서 말하는 감정은 같은 감정이다. 감정의 근원이 다른 것이 아니기 때문이다. 둘의 차이는 감정의 표현 혹은 몰입 정도에 있다.

여기서는 같은 의미의 글자가 반복되어 있다. 정확하게 표현하면 성내고 또 성냄, 두려워하고 또 두려워함, 좋아하고 또 즐거워함, 근심하고 또 걱정함이다. 즉, 특정 감정에 지나치게 몰입하는 것을 말하는 것이다.

성내야 할 것에 성내는 것은 바른 것이지만, 그 성냄이 지나치면 바름을 잃어버린다. 두려워할 것에 두려워하는 것은 바른 것이지만, 두려움이 지나치면 바름을 잃어버린다. 즐거워할 것에 즐거워하는 것은 바른 것이지만, 즐거움이 지나치면 바름을 잃어버린다. 근심할 것에 근심하는 것은 바른 것이지만, 근심이 지나치면 바름을 잃어버린다.

감정은 마음에서 나오고 표현은 몸으로 한다. 몸은 보이고 마음은 보이지 않는다. 그러나 마음은 드러난다. 마찬가지로 몸이 움직이면 마음도 반응한다. 마음이 슬퍼서 몸이 울지만, 몸이 울어서 마음이 슬퍼지기도 한다. 성내야 할 것에 성내는 것은 바른 마음에서 나오지만, 몸이 지

나치게 성내면 마음이 바름을 잃어버린다. 따라서 바른 마음을 지나치지 않게 표현하는 것이 몸을 닦는 것이다.

눈이 있어 볼 수 있고, 귀가 있어 들을 수 있고, 입이 있어서 먹을 수 있다. 눈, 귀, 입은 몸이다. 몸을 통해 생명 활동을 하고 살아간다. 그런데 사는 것은 몸만이 아니라 마음도 산다. 몸만 살면 맹목이고 마음만 사는 것은 공허하다. 본다는 것은 보이는 대상의 영상이 망막과 뇌에 비치고 있다는 것이 아니다. 보이는 대상의 영상에 대해 내가 의미를 주어야 보이는 것이다.

눈을 통해 들어오는 영상은 무수히 많지만, 특정 영상만 보이는 것은 그것에 내가 의미를 주기 때문이다. 거꾸로 얘기하면 의미를 주지 않으면 보이는 것도, 들리는 것도 없다. 그래서 본다는 것은 마음이 눈을 통해 보는 것이고, 듣는다는 것은 마음이 귀를 통해 듣는 것이다.

마음이 없으면 보이고 들리는 것이 없으며 마음이 바르지 않으면 바르게 보이지 않고, 바르게 들리지 않는다. 그러니 몸을 닦기 위해서는 마음이 두 가지를 해주어야 한다. 첫째는 마음이 있어야 하고, 둘째는 마음이 발라야 하는 것이다.

집안을 가지런히 하는 것은

소위제기가재수기신자(所謂齊其家在脩其身者) 집안을 가지런히 하는 것은 몸을 닦는 것에 달려 있다.

인지기소친애이벽언(人之其所親愛而辟焉) 특정한 사람을 친애하면 치우치게 된다.

지기소천오이벽언(之其所賤惡而辟焉) 미워해도 치우치게 된다.

지기소외경이벽언(之其所畏敬而辟焉) 두려워해도 치우치게 된다.

지기소애긍이벽언(之其所哀矜而辟焉) 불쌍히 여겨도 치우치게 된다.

지기소오타이벽언(之其所敖惰而辟焉) 업신여겨도 치우치게 된다.

고호이지기오(故好而知其惡) 오이지기미자(惡而知其美者) 천하선의(天下鮮矣) 그래서 "좋아하면서도 그 싫은 것을 알며, 밉지만 그 아름다운 것도 아는 사람이 세상에는 많지 않다."라고 하는 것이다.

고언유지왈(故諺有之曰) 그래서 세속에서는 다음과 같이 말한다.

인막지기자지오(人莫知其子之惡) 막지기묘지석(莫知其苗之碩) "자기 자식의 미운 면을 알지 못하며, 자기 밭의 싹이 큰 것을 알지 못한다."

차위신불수불가이제기가(此謂身不脩不可以齊其家) 이를 일러

'몸을 닦지 않으면 집안을 화목하게 할 수 없다.'라고 한다.

인지기소친애이벽언(人之其所親愛而辟焉) - 특정한 사람을 친애하면 치우치게 되고

집안을 가지런히 한다는 것은 집안 구성원 간의 관계를 좋게 맺는 것에 달려 있다. 즉 가족들을 대하는 태도와 자세인 것이다. 우리의 감정은 특정한 사람을 더 좋아하거나 미워하기 쉽다. 모든 사람을 똑같이 좋아하고 미워하는 것이 가능하지도 않고, 바람직하지도 않다. 그러나 가족들의 경우는 다르다. 가족 가운데 특정한 사람을 더 사랑하고, 미워하고, 두려워하고, 불쌍히 여기고, 업신여기면 가족 간에 끼리끼리 무리가 생긴다. 무리가 생기면 무리와 무리 간의 이해 때문에 충돌하기 마련이다. 그렇게 된다면 가족은 더 이상 가족이 아니다. 가족은 이해관계로 맺어지는 인위적인 결사체가 아니라, 친애로 맺어지는 자연적인 공동체이기 때문이다.

호이지기오(好而知其惡) - 좋아하면서도 싫은 면도 알며

그래서 집안을 가지런히 하는 것은 타인을 대하는 나의 태도, 곧 몸을 닦는 것[수신(修身)]에 달려 있는 것이다.

타인을 대하는 나의 감정과 태도는 특정한 순간에 특정한 감정을 갖

는다. 즉, 어느 순간, 누구에게는 좋아함의 감정을 갖는다. 또 다른 순간, 어떤 이에게는 싫어함의 감정을 갖는다. 특정 순간, 특정 대상에게 싫어하면서 좋아하고, 좋아하면서 싫어할 수는 없다.

그렇다. 특정 순간에는 좋아함의 감정이 있었지만, 또 다른 순간에는 싫어함의 감정이 일어난다. 좋아함이나 싫어함의 감정이 일어나는 것은 자연이다. 그런데, 지금 이 순간 좋아함의 감정이 있지만 또 다른 순간에는 싫음의 감정이 생길 것이며, 지금 이 순간 싫어함의 감정이 있지만 또 다른 순간에는 아름답다고 여기게 될 것이라는 것을 알아야 한다.

이것이 사람을 대하는 바람직한 태도이다. 좋아함이나 싫어함의 감정이 일어나는 것을 막아야 좋은 것이 아니다. 좋음 뒤에 싫음, 싫음 뒤에 좋음이 있다는 것을 알고 사람을 대하는 것이다. 가족은 자연적 친애로 맺어지기 때문에 좋음의 감정으로 치우치기 마련이다. 그래서 자기 자식은 예쁘고 아름답다. 자식을 예쁘고 아름답게 여기는 것은 당연하고, 또 그래야만 한다. 그러나 예쁘고 아름다운 것은 부모로서 자녀를 보는 관점일 뿐이라는 것을 잊지 말아야 한다. 부모의 눈이 아니라 타자의 눈으로 볼 때는 예쁨과 아름다움에 가려져 있는 미움도 보이기 때문이다. 따라서 자녀를 예쁨과 아름다움으로 느끼면서도 동시에 나쁜 면도 있음을 알아야 한다.

나라를 잘 다스리는 것은

소위치국필선제기가자(所謂治國必先齊其家者) 나라를 잘 다스리는 것은 집안을 가지런히 하는 것에 달려 있다.

기가불가고 이능교인자무지(其家不可敎而能敎人者無之) 집안을 교화하지 못하고서 다른 사람을 교화할 수 있는 사람은 없다.

고군자불출가 이성교어국(故君子不出家而成敎於國) 따라서 참된 이는 집안을 벗어나지 않고도 나라에 교화를 펼칠 수 있다.

효자소이사군야(孝者所以事君也) 집안에서의 효는 밖에 나가서는 임금을 섬기는 것이 되고

제자소이사장야(弟者所以事長也) 집안에서의 형 공경은 밖에 나가서는 어른을 섬기는 것이 되며

자자소이사중야(慈者所以使衆也) 집안에서 아래 사람을 자애롭게 대하는 것은 밖에 나가서는 사람들을 사랑하는 것이 된다.

강고왈 여보적자(康誥曰如保赤子) 강고에 "갓난아이 돌보듯이 하라."라고 했다.

심성구지(心誠求之) 수부중불원의(雖不中不遠矣) 참된 마음으로 구하면 비록 딱 들어맞지는 않아도 하려고 하는 것에서 멀어지지는 않는다.

미유학양자이후 가자야(未有學養子而后嫁者也) 어린아이 기르는 방법을 다 배우고서 결혼하는 사람은 없다.

일가인 일국흥인(一家仁一國興仁) 한 집안이 인(仁)하면 온 나라에 인이 흥하고

일가양 일국흥양(一家讓一國興讓) 한 집안이 사양하면 온 나라에 사양이 흥하고

일인탐려 일국작난(一人貪戾一國作亂) 기기여차(其機如此) 한 사람이 욕심을 부리면 온 나라가 어지러워지게 되나니 그 기틀이 그런 것이다.

차위일언분사 일인정국(此謂一言僨事一人定國) 그래서 "한마디 말이 일을 엎어버리기도 하고, 한 사람이 나라를 안정시키기도 한다."라고 한다.

요순수천하 이인이민종지(堯舜帥天下以仁而民從之) 요임금과 순임금이 세상을 인으로 이끄시니 백성들이 그것을 따랐고

걸주수천하 이폭이민종지(桀紂帥天下以暴而民從之) 걸왕과 주왕이 세상을 폭력으로 이끄니 백성들이 그것을 따랐다.

기소령반기소호(其所令反其所好) 이민불종(而民不從) 통치자가 명령하는 바가 통치자 자신이 좋아하는 것과 반대되면 백성들은 그것을 따르지 않는다.

시고군자 유저기이후구저인(是故君子有諸己而后求諸人) 무저기이후비저인(無諸己而后非諸人) 그래서 참된 사람은 자신을

미루어 보아 옳음을 확인한 후에 다른 사람에게 옳음을 요구하며, 자신을 미루어 옳지 않음이 없어야 다른 사람의 옳지 않음을 지적한다.

소장호신불서(所藏乎身不恕) 이능유저인자미지유야(而能喩諸人者未之有也) 자신에게 미루어 보고 난 후에야 남에게 미치고자 하지 않고서도 다른 사람을 깨우칠 수 있는 사람은 없다.

고치국재제기가(故治國在齊其家) 이를 일러 '나라를 잘 다스리는 것은 집안을 가지런히 함에 달려 있다.'라고 한다.

시운(詩云) 시에

"도지요요(桃之夭夭) 복숭아꽃이 여리고 예쁘네.

기엽진진(其葉蓁蓁) 그 잎이 우거졌구나.

지자우귀(之子于歸) 딸이 시집을 가니

의기가인(宜其家人) 집안사람에게 떳떳하구나."라고 했다.

의기가인이후 가이교국인(宜其家人而后可以教國人) 집안사람들에게 떳떳한 이후에 다른 사람들을 교화할 수 있다.

시운 의형의제(詩云宜兄宜弟) 시에 "형에게도 떳떳하고 아우에게도 떳떳하도다."라고 했다.

의형의제이후 가이교국인(宜兄宜弟而后可以教國人) 형에게도 떳떳하고 아우에게도 떳떳해야 다른 사람들을 교화할 수 있다.

시운 기의불특 정시사국(詩云其儀不忒正是四國) 시에 "떳떳함이 어그러지지 않으니 사방의 나라들을 바르게 한다."라고 했다.

기위부자형제족법이후 민법지야(其爲父子兄弟足法而后民法

之也) 부모와 자녀와 형제들이 본받을 수 있어야 백성들이 그것을 본받는다.

차위치국재제기가(此謂治國在齊其家) 이를 일러 '나라를 잘 다스리는 것은 집안을 가지런히 하는 것에 달려 있다.'라고 한다.

미유학양자이후 가자야(未有學養子而后嫁者也)
– 아이 키우는 방법을 다 배우고 나서야 결혼하는 사람은 없다.

우리는 모든 것을 알 수도 없고, 모든 것을 할 수도 없다. 또 알고 있다고 해서 언제나 잘하는 것도 아니다. 일이건, 사람 관계이건 잘하는 경우는 많지 않다. 잘하고 있는 것 같다가도 어그러지고, 좋은 관계인 것 같다가도 갈등과 다툼이 생기기도 한다.

일이나, 사람을 대하는 데 있어 가장 좋은 자세는 진실하게 구하고자하는 것이다. 방법이나 절차를 모르지만, 그것에 대해 진실하게 대하면얻을 수 있다. 모든 것을 얻지는 못해도 많이 얻을 수 있다.

진실, 즉 '참' [성(誠)]은 천지자연과 인간 세상을 관통하는 궁극적 원리 혹은 에너지라는 것을 강조하고 있는 것이 《중용》이다. 《중용》에서는

참, 그것은 하늘의 길이고, 참되려고 하는 것은 사람의 길이다.

라고 하고 있다. 천지자연의 세계는 참 그 자체이다. 자연의 질서는 시간

으로는 춘하추동, 공간으로는 동서남북이다. 춘하추동의 시간 질서에 의해 만물은 낳고 자라고 흥성하고 쇠락하는 생장성쇠(生長盛衰)에서 벗어나지 못한다. 춘하추동, 생장성쇠에는 거짓이 없다. 그 자체로 참이기 때문에 무엇도 이것에서 벗어날 수 없다. 무엇인가가 춘하추동과 생장성쇠에 벗어날 수 있다면 천지자연은 참이 아니라 거짓이다.

그러면 사람의 길인 '참되려고 함'은 무엇일까? 이에 대해 맹자는

지극히 참되어야 자신의 본성을 다할 수 있고, 자신의 본성을 다해야 사람의 보편적 성을 다할 수 있다.

라고 말한다. 즉 참되려고 한다는 것은 자신에게 주어진 본성을 다 이루어내는 것이다. 자신에게 주어진 본성은 다름 아닌 인의예지(仁義禮智)이다. 자신 속의 인의예지를 실현한다는 것은 타인에게 인의예지를 실현시켜 주는 것이다. 왜냐하면, 자신의 본성과 타인의 본성은 같기 때문이다.

자연의 참이 춘하추동을 통해 드러난다면 인간의 참은 인의예지를 통해 실현된다. 춘하추동은 필연적으로 저절로 참으로 있지만, 인의예지는 인간의 노력으로 이루어진다. 따라서 자연은 참, 그 자체이지만 인간은 참되려고 해야 한다.

자연은 필연이고, 인문은 당위이다. 춘하추동이라는 필연과 인의예지라는 당위를 관통하는 것이 바로 참이다. 따라서 참으로 대상을 대하면 어그러지는 것이 없게 된다. 참은 배워서 얻는 것이 아니라, 오로지 자신에게서 나온다. 아이 키우는 방법은 배우는 것이지만, 아이를 대하

는 자세나 태도는 자신에게서 나온다.

아이 키우는 방법을 아는 것과 아이를 대하는 자세. 어느 것이 근본이고 말단인지, 어느 것이 먼저이고 나중인지는 이미 알고 있을 것이다. 아이 키우는 것에만 해당하는 것이 아니다. 아이를 키운다는 것은 생명을 자라게 하는 것이다. 즉 참은 만물과 만사뿐만 아니라 생명을 자라게 하는 것에도 적용된다는 것이다. 그래서 《중용》은

사람의 보편적 본성을 다하면 만물의 본성도 다할 수 있다. 만물의 본성을 다하면 천지가 만물을 낳고 기르는 것에 동참할 수 있다.

라고 한다.

그러면 참되려고 하는 것은 구체적으로 어떻게 해야 하는가?

욕심이 적으면 비록 보존되지 못하는 것이 있더라도 보존되지 못하는 것이 적을 것이다. 욕심이 많으면 비록 보존되는 것이 있더라도 보존되는 것이 적을 것이다.

맹자의 말이다. 욕심은 자기 것이 아닌데 자기 것으로 하려는 데서 나온다. 맹자는 참됨의 출발을 욕심을 적게 하는 것에서 시작하려고 한다. 이에 대해 조선의 선비 토정 이지함은 이렇게 말한다.

맹자는 '마음을 키워나가는 것은 욕심을 적게 하기[과욕(寡慾)]보다 좋은

것이 없다.'고 했다. 과욕은 무욕의 시초다. 덜어내고 또 덜어내어 덜어낼 것이 없는 것에 이르게 되면 마음이 허(虛)하면서 영명하게 된다. 영명함으로 만물과 만사를 바라보면 밝게 되고, 밝음으로 꽉 채우면 진실함이 된다. 진실함의 길이 중(中)이고, 중이 발하여 화(和)가 된다. 중과 화는 세상의 아비고 생명의 어미다.

온 세상이 평온한 것은

소위평천하 재치기국자(所謂平天下在治其國者) 온 세상이 평온한 것은 나라를 잘 다스리는 것에 달려 있다.

상노노 이민흥효(上老老而民興孝) 윗사람이 노인을 노인으로 대접하면 백성들에게 효가 흥하게 된다.

상장장 이민흥제(上長長而民興弟) 윗사람이 어른을 어른으로 대접하면 백성들 사이에 공경이 흥하게 된다.

상휼고 이민불배(上恤孤而民不倍) 윗사람이 약자를 구휼하면 백성들이 윗사람을 배반하지 않는다.

시이군자 유혈구지도야(是以君子有絜矩之道也) 그래서 참된 사람은 인간관계를 가늠하는 길을 갖고 있다.

소오어상 무이사하(所惡於上毋以使下) 윗사람은 자신이 싫었던 것으로 아랫사람을 부리지 말며

소오어하 무이사상(所惡於下毋以事上) 아랫사람은 자신이 싫었던 것으로 윗사람을 섬기지 말아야 한다.

소오어전 무이선후(所惡於前毋以先後) 앞사람은 자신이 싫었던 것으로 뒷사람에게 먼저 하라고 하지 말며

소오어후 무이종전(所惡於後毋以從前) 뒷사람은 자신이 싫었던

것으로 앞사람을 따르지 말아야 한다.

소오어우 무이교어좌(所惡於右毋以交於左) 오른쪽 사람은 자신이 싫었던 것으로 왼쪽 사람과 사귀지 말며

소오어좌 무이교어우(所惡於左毋以交於右) 왼쪽 사람은 자신이 싫어하는 것으로 오른쪽 사람과 사귀지 말아야 한다.

차지위혈구지도(此之謂絜矩之道) 이를 일러 '인간관계를 가늠하는 길'이라고 한다.

혈구지도(絜矩之道) - 인간관계를 가늠하는 길

혈(絜)은 '헤아리다'라는 뜻이고, 구(矩)는 방형(方形)을 그리는 도구로 표준이나 법도를 의미한다. 구가 외적인 규범을 뜻한다면, 혈은 나 자신을 헤아려보는 것이다. 나 자신을 헤아린다는 것은 나의 감정을 헤아려보는 것과 다르지 않다. 즉 혈구지도는 규범의 근거를 나의 감정에 두는 것이다.

그런데 '나의 감정'이라고 해서 오로지 개인적 차원의 감정을 말하는 것이 아니다. '나'는 곧 '너'다. 나의 감정은 곧 너의 감정이다. 나의 감정이 곧 너의 감정인 것은 너무도 당연하다. 나는 너에 대해 나고, 너는 나에 대해 '나'이기 때문이다. 즉 나와 너는 관계 속에서만 성립하는 것이다. 혈구지도는 모든 관계를 형성하는 아주 기초적이면서도 근본적인 관계 설정을 말하는 것이다.

우리는 '관계' 속에 있다. 나는 관계 속에서 규정된다. 나는 여자에 대해 남자이고, 아버지에 대해 아들이고, 아들에 대해 아버지이고, 친구에 대해 친구이고, 주인에 대해 손님이고, 학생에 대해 교사이다. 나는 '여자, 아버지, 아들, 친구, 주인, 학생'이 없으면 규정될 수 없는 존재이다.

나를 규정하는 관계는 위아래, 앞뒤, 좌우이다. 이것을 벗어나는 관계는 없다. 아버지가 위라면 아들은 아래이다. 공자가 앞이라면 맹자는 뒤이다. 아내가 좌라면 남편은 우이다. 나는 아들에 대해서는 위이면서 동시에 아버지에 대해서는 아래이다. 스승에 대해서는 뒤이지만 동시에 제자에 대해서는 앞이다. 친구에 대해서는 좌이면서 동시에 친구는 나에 대해 우이다. 즉 모든 나는 위아래, 앞뒤, 좌우의 관계 속에 있으며, 나와 너는 같은 관계 속에 있는 것이다. 따라서 나의 감정을 헤아린다는 것은 너의 감정을 헤아리는 것과 다르지 않다.

그런데 좋은 관계를 이루어가는 핵심은 '좋은 감정을 베풂'에 있지 않고, '싫은 감정을 베풀지 않음'에 있다. 좋아함과 싫어함 가운데 어느 것이 더 보편적인 감정인지에 대해서는 알 수 없다. 좋음을 베푸는 것이 싫음을 베풀지 않는 것보다 더 적극적인 행위인 듯하지만, 싫음을 베풀지 않는 것이 더 우선되어야 한다.

그러면 좋은 관계의 기본은 이렇게 정리된다. 나는 나의 위아래, 앞뒤, 좌우의 사람에 대해 내가 위아래, 앞뒤, 좌우로서 싫었던 감정을 그에게 베풀지 않는 것이다. 이것이 바로 나의 감정을 헤아림으로써 사람을 대하는 법도를 따르는 길, 즉 혈구지도이다.

즐겁기만 하구나

시운 낙지군자 민지부모(詩云樂只君子民之父母) 시에 "즐겁기만 하구나 군자여, 백성의 부모로다."라고 했다.

민지소호호지(民之所好好之) 백성들이 좋아하는 바를 좋아하고

민지소오오지(民之所惡惡之) 차지위민지부모(此之謂民之父母) 백성들이 미워하는 바를 미워하는 사람을 백성의 부모라고 한다.

시운(詩云) 시에

절피남산(節彼南山) 유석암암(維石巖巖) "저기 우뚝 솟은 남산이여 바위들이 솟아있구나.

혁혁사윤(赫赫師尹) 민구이첨(民具爾瞻) 눈에 띄게 빛나는 태사 윤씨여, 백성들이 모두 그를 쳐다보고 있도다."라고 했다.

유국자불가이불신(有國者不可以不愼) 나라를 소유한 사람은 생각의 싹조차 더욱 삼가지 않을 수 없으니

벽즉위천하륙의(辟則爲天下僇矣) 이것을 어기면 온 세상이 그를 죽일 것이다.

시운(詩云) 시에

은지미상사(殷之未喪師) 극배상제(克配上帝) "은나라가 백성을 잃지 않았을 때는 하늘과 짝이 될 수 있었네.

의감우은(儀監于殷) 준명불이(峻命不易) 은나라를 거울로 삼아
야 하나니 하늘의 명을 지키기가 쉽지 않도다."라고 했다.

도득중즉득국(道得衆則得國) 실중즉실국(失衆則失國) 백성을
얻으면 나라를 얻고 백성을 잃으면 나라를 잃는다는 말이다.

시고군자선신호덕(是故君子先愼乎德) 따라서 참된 이는 먼저 밝
은 덕을 삼가 밝혀야 한다.

유덕차유인(有德此有人) 덕이 있으면 그를 따르는 사람들이 있게
되며

유인차유토(有人此有土) 사람들이 있으면 토지가 있게 되고

유토차유재(有土此有財) 토지가 있으면 재물이 있게 되며

유재차유용(有財此有用) 재물이 있으면 써야 할 곳에 쓸 수 있게 된다.

덕자본야(德者本也) 재자말야(財者末也) 덕은 근본이고 재물은
말단이다.

외본내말(外本內末) 쟁민시탈(爭民施奪) 겉을 근본으로 여기고
속을 말단으로 여기면 백성들에게 다투는 것을 가르치는 것이다.

시고재취즉민산(是故財聚則民散) 그래서 지도자가 재물을 모으면
백성은 흩어지고

재산즉민취(財散則民聚) 재물을 흩트리면 백성은 모인다.

시고언패이출자 역패이입(是故言悖而出者亦悖而入) 어그러지
게 나간 말은 반드시 어그러지게 들어오기 마련이고

화패이입자 역패이출(貨悖而入者亦悖而出) 어그러지게 들어온

재물 역시 어그러지게 나가기 마련이다.

강고왈 유명불우상(康誥曰惟命不于常) 강고에 "하늘의 명은 일정한 곳에 머무는 것이 아니다."라고 했다.

도선즉득지(道善則得之) 불선즉실지의(不善則失之矣) 선하면 하늘의 명을 얻을 수 있고 선하지 않으면 잃게 된다는 말이다.

초서왈(楚書曰) 초국 무이위보(楚國無以爲寶) 유선이위보(惟善以爲寶) 초서에 "초나라는 보물로 여길 물건은 없으나 오직 선을 보물로 여긴다."라고 했다.

구범왈(舅犯曰) 망인 무이위보(亡人無以爲寶) 인친이위보(仁親以爲寶) 구범은 "나라를 잃은 우리는 보물로 여길 물건은 없으나 어버이를 사랑하는 것을 보물로 여긴다."라고 했다.

재취즉민산(財聚則民散) 재산즉민취(財散則民聚)

— 재물을 모으면 백성은 흩어지고, 재물을 흩트리면 백성은 모인다.

지도자는 백성과 재물 가운데 무엇을 우선할 것인지 선택해야 한다. 앞에서 나왔듯이 "선후를 알면 도에 가깝다."라고 했다. 만약 지도자가 앞에 둘 것과 뒤에 둘 것을 안다면 그에 의한 통치 행위는 진리에 가깝게 이루어질 것이다.

물론 여기에서의 지도자가 반드시 왕이나 대통령을 뜻하는 것은 아니다. 나는 가족에 대해서 가장이라면 가족의 지도자이며, 동아리 후배들에 대해서도 지도자이다. 가장이라면 재물과 가족 가운데 무엇을 앞에 둘 것인가를 결정하고 행동해야 하고, 선배라면 재물과 후배 가운데 무엇을 앞에 둘 것인가를 결정하고 행동해야 한다.

재물과 말이 들고 나는 것은 한 방향이 아니라 쌍방향이다. 나를 주체로 두고 보면, 내가 어그러진 말을 뱉으면 상대는 나에게 어그러진 말을 할 것이다. 내가 재물을 어그러지게 모았다면 그 재물 역시 어그러지게 나간다.

나를 객체로 두고 보면, 상대가 나에게 어그러진 말을 하면 나는 어그러진 말을 하거나 하지 않을 수 있다. 재물이 어그러지게 들어온다면 받거나 받지 않을 수 있고 어그러지게 쓰거나 그렇지 않을 수 있다. 그러면 '나'가 객체일 때는 선택 상황이 되지만 주체일 때는 필연적 상황이 된다. 그러나 '나'가 지도자일 때는 반드시 주체가 되어야 한다. 아버지는 아들보다 먼저이고, 선배는 후배보다 먼저이기에 아버지로서의 나와 선배로서의 나는 객체가 아니라 주체여야 하는 것이다.

지도자와 재물의 관계는 참 미묘하다. 그러나 확실한 것이 하나 있다. 지도자가 재물에 욕심이 있으면 반드시 망하게 된다는 것은 역사적으로 실증된다.

특별한 재주는 없으나

진서왈(秦誓曰) 진서에서 말한다.

약유일개신 단단혜무타기(若有一个臣斷斷兮無他技) "특별한 재주는 없으나 정성스러우며

기심휴휴언(其心休休焉) 기여유용언(其如有容焉) 마음이 넉넉하고 포용함이 있어

인지유기 약기유지(人之有技若己有之) 다른 사람들의 재주를 자신의 재주처럼 여기고

인지언성 기심호지(人之彦聖其心好之) 사람들이 하는 좋은 말을 좋아하는 것이

불시약자기구출 식능용지(不啻若自其口出寔能容之) 말로만 내뱉는 것이 아니라 진정으로 포용하는 사람이라면

이능보아자손여민 상역유리재(以能保我子孫黎民尚亦有利哉) 나의 자손과 백성을 보호해줄 수 있으며 더욱이 이로움도 있을 것이다.

인지유기 모질이오지(人之有技媚疾以惡之) 다른 사람들의 재주를 모질도록 미워하고

인지언성 이위지비불통 식불능용(人之彦聖而違之俾不通寔不能容) 사람들이 하는 좋은 말을 거슬리게 들어 통하지 않게 하는 것은

포용이 없는 것이니

이불능보아자손여민 역왈태재(以不能保我子孫黎民亦曰殆哉) 우리 자손과 백성들을 지켜내지 못할 것이며 또한 위태로울 것이다."라 고 했다.

유인인방류지(唯仁人放流之) 병제사이(迸諸四夷) 불여동중국 (不與同中國) 오직 어진 사람만이 나쁜 사람을 쫓아 보내 문명의 나라 에서 함께 살지 못하게 할 수 있다.

차위유인인위능애인 능오인(此謂唯仁人爲能愛人能惡人) 이 를 일러 "어진 사람만이 진정으로 사람을 사랑할 수 있고 미워할 수 있 다."라고 한다.

견현이불능거(見賢而不能擧) 거이불능선 명야(擧而不能先命 也) 어진 사람을 보고서 등용하지 못하고, 어진 사람을 등용하되 빨리 할 수 없는 것은 운명이다.

견불선이불능퇴(見不善而不能退) 퇴이불능원 과야(退而不能 遠過也) 선하지 않은 이를 보고 물리치지 않고, 물리치되 멀리 보내지 않는 것은 허물이다.

호인지소오(好人之所惡) 오인지소호(惡人之所好) 사람들이 싫 어하는 것을 좋아하고 사람들이 미워하는 바를 좋아하는 것은

시위불인지성(是謂拂人之性) 치필체부신(菑必逮夫身) 사람의 본성을 어기는 것이니 재앙이 반드시 자신에게 미치게 될 것이다.

시고군자유대도(是故君子有大道) 그래서 참된 사람에게는 큰 길

이 있으니

필충신이득지(必忠信以得之) 교태이실지(驕泰以失之) 자신에게 진실하고 다른 이를 믿어주면 얻음이 있을 것이고, 남에게 교만하고 자신에게 나태하면 잃게 될 것이다.

견현이불능거(見賢而不能擧) 거이불능선(擧而不能先) 명야(命也) 견불선이불능퇴(見不善而不能退) 퇴이불능원(退而不能遠) 과야(過也) - 어진 사람을 보고서 등용하지 못하고, 어진 사람을 등용하되 빨리할 수 없는 것은 운명이다. 선하지 않은 이를 보고 물리치지 않고, 물리치되 멀리 보내지 않는 것은 과실이다.

누구나 현명한 사람과 함께 일하고 싶고, 선하지 않은 사람과는 멀리하고 싶어 한다. 그러나 원하지 않는 대로 되는 경우가 많다. 우선은 현명과 불선을 구분하는 것이 쉽지 않다. 내가 A를 어진 사람이라고 알고 있어도 실제는 그렇지 않을 수 있고, B를 불선하다고 여기지만 그렇지 않을 수도 있다. 그런데 더 중요한 것은 현명한 A와 불선한 B를 어떻게 대해야 하는가이다. 나도, 남도 모두 A를 현명하다고 하고 실제로 현명한 사람일지라도 모두가 A를 좋아하는 것은 아니다. B를 나도, 남도 모두 불선하다고 하고 실제로 불선한 사람일지라도 모두가 B를 싫어하는 것도 아니다.

우리는 사람과 함께 일을 한다. 일을 한다는 것은 일 처리 능력에 좌우된다. 하지만 일을 '사람과 함께' 하는 데는 능력을 따지기 이전에 '함께'가 우선 설정되어야 한다. 만약, 기계와 함께 또는 로봇과 함께 일을 한다면 기계와 로봇의 일 처리 능력만 고려하면 된다. 그런데 사람과 함께 일을 할 때는 일 처리 능력만 고려할 수 없다.

어진 사람과 함께 일을 하고 싶지만, 그 일이 부당한 권력이나 재물과 관련된 것이라면 어진 사람은 그 일을 원하지 않을 수 있다. 또, 어질지 못한 사람이 함께 일하기 원한다면 어진 사람은 응하지 않을 수 있다. 그래서 어진 사람과 일을 함께 하기 위해서는 자신이 어질어야 한다. 그러나 내가 어질다고 해서 어진 사람이 나의 요구에 언제나 응하는 것도 아니다. 자신의 길을 가고자 하는 어진 사람이 있을 수 있기 때문이다.

나 자신이 어질고, 내가 어진 일을 하고자 하고, 어진 사람이 있어야 하고, 어진 사람이 그에 응해 줄 때 비로소 어진 사람과 함께 일을 할 수 있다. 그래서 어진 사람을 보자마자 함께할 수 없기에 운명인 것이다.

그러나 불선한 사람은 나의 의지로 내칠 수 있다. 불선한 사람을 멀리하지 않는 것은 자신 또한 불선하거나 불선한 일을 하기 위해서이다. 불선한 사람과 일을 하는 것은 일을 망치는 것에 그치는 것이 아니라 사람도 망치게 한다. 당사자만 망치는 것이 아니라 그 일과 관계된 모든 사람을 망치게 한다. 만약 그 사람이 지도자라면 그가 지도자로 있는 공동체의 모든 일과 구성원 모두가 망한다. 그런 공동체는 결코 행복할 수 없다. 그래서 불선한 사람을 내치지 않거나 내치더라도 멀리하지 않는다면 그것은 매우 심각한 죄다.

그러면 이렇게 된다. 어진 사람을 찾는 것보다 불선한 사람을 멀리하는 것이 더 중요하다. 어진 사람을 만나는 것은 운명이기에 나의 의지로 할 수 없는 면이 있지만, 불선한 사람을 멀리하는 것은 오로지 나의 의지로 할 수 있다. 그리고 어진 사람과 일을 하면 공동이 행복하지만, 불선한 사람과 일을 하면 공동이 불행해진다. 행복 추구보다 불행을 밀어내는 것이 더 현명하다. 자기가 좋아하는 것을 남에게 시키는 것보다, 자기가 싫어하는 것을 남에게 시키지 않는 것이 더 중요하기 때문이다.

재화를 만들어내는 큰 길

생재유대도(生財有大道) 재화를 만들어내는 큰 길이 있다.

생지자중 식지자과(生之者衆食之者寡) 만드는 자는 많고 먹는 자
는 적으며

위지자질 용지자서(爲之者疾用之者舒) 하는 자는 빠르게 하고 쓰
는 자는 느리게 한다면

즉재항족의(則財恒足矣) 재화는 언제나 넉넉할 것이다.

인자이재발신(仁者以財發身) 어진 사람은 재화로 몸을 일으키며

불인자이신발재(不仁者以身發財) 어질지 못한 사람은 몸으로 재
화를 일으킨다.

미유상호인 이하불호의자야(未有上好仁而下不好義者也) 윗
사람이 어질게 하는데 아랫사람이 의롭지 않을 수 없고

미유호의 기사불종자야(未有好義其事不終者也) 윗 사람이 의롭
게 하는데 그와 관련된 일을 끝맺지 못하는 경우도 없으며

미유부고재 비기재자야(未有府庫財非其財者也) 창고에 재화가
있는데 그 재화가 윗사람의 재화가 아닌 경우는 없다.

맹헌자왈(孟獻子曰) 맹헌자가 말했다.

휵마승 불찰어계돈(畜馬乘不察於雞豚) "말을 기르고 마차를 탈

수준의 집안에서는 닭과 돼지를 기르는 일에 관심을 두어서는 안 되며

벌빙지가 불휵우양(伐冰之家不畜牛羊) 한여름에도 얼음을 쓰는
수준의 집안에서는 소나 양을 길러서도 안 된다.

백승지가 불휵취렴지신(百乘之家不畜聚斂之臣) 마차를 백 대
정도 운영하는 수준의 집안에서는 막무가내로 세금을 거두어들이려는
가신을 두어서는 안 된다.

여기유취렴지신 영유도신(與其有聚斂之臣寧有盜臣) 세금을
거두어들이려는 가신을 두느니 차라리 주인의 돈을 훔쳐 가는 가신을
두어라."

차위국불이리위리 이의위리야(此謂國不以利爲利以義爲利也)
이것을 일러 "나라는 이익을 이로움으로 여기지 말고, 옳음을 이로움으
로 여겨야 한다."라고 한다.

장국가이무재용자(長國家而務財用者) 필자소인의(必自小人
矣) 나라나 집안의 어른이 되어서 재화와 실용에 힘쓴다면 그것은 어리
석은 아랫사람들 때문에 비롯되는 것이다.

피위선지(彼爲善之) 소인지사위국가(小人之使爲國家) 치해병
지(菑害害並至) 어리석은 사람들이 나라나 집안 어른에게는 잘한다
고 해도 그들에게 나라나 집안을 운영하게 하면 하늘의 재앙과 사람의
재앙을 함께 입게 될 것이다.

수유선자 역무여지하의(雖有善者亦無如之何矣) 그러면 그때를
당해 잘하려고 해도 어찌할 방도가 없게 된다.

차위국불이리위리 이의위리야(此謂國不以利爲利以義爲利也)
이것을 일러 "나라는 이익을 이로움으로 여기지 말고, 옳음을 이로움으
로 여겨야 한다."라고 한다.

인자이재발신(仁者以財發身) 불인자이신발재(不仁者以身發財)
– 어진 사람은 재화로 몸을 일으키며, 어질지 못한 사람은 몸으
로 재화를 일으킨다.

우리는 늘 선택 상황에 놓인다. 여러 개의 선택지 가운데 하나를 고를
때는 선택지를 고르기 이전에, 선택지를 고르는 기준을 골라야 한다. 선
택지는 두 개 이상이 될 수 있지만, 선택지를 고르는 기준은 대체로 대
비되는 두 가지로 되어있다. 경중[가볍고 무거움], 완급[여유 있고 긴박
함], 호오[좋아하고 싫어함] 등이다. 그런데 경중, 완급, 호오는 상황에
따라 바뀐다. 어제는 가벼웠던 대상이 지금은 무거운 것일 수도 있고,
오늘은 좋아했던 것이 내일은 싫어질 수도 있기 때문이다. 즉 경중, 완
급, 호오는 상황 논리이지 불변의 기준은 아니다. 그렇다면 불변의 기준
으로 삼을 것은 없을까?
　이 책 앞머리에 "만물에는 뿌리[근본]와 가지[말단]가 있으며, 모든 일
에는 마침과 시작이 있다. 어디가 앞이고 무엇이 뒤인지 안다면 진리에
거의 가깝게 간 것이다."라고 했다. 이에 따르면 본말[뿌리와 가지], 종
시[마침과 시작], 선후[앞과 뒤]의 세 가지 기준이 제시되고 있다. 그런데

선후는 본말과 종시의 선후를 따지는 것이니, 실제로는 본말, 종시의 두 가지 기준이 있는 셈이다. 이 기준은 상황에 따라 달라지는 것이 아니라 모든 상황에 적용될 수 있다.

이것을 몸과 재화, 즉 신(身)과 재(財)에 적용해보자. 경중, 완급, 호오를 기준으로 보면 몸과 재화가 상황에 따라 앞서거나 뒤서거나 할 것이다. 그런데 본말을 기준으로 보면 언제나 몸은 본이고 재화는 말이다. 아니, 몸은 본이어야 하고, 재화는 말이어야 한다. 종시를 기준으로 보면 몸은 마침이고 재화는 시작이다. 즉 재화로부터 몸을 세워야 하는 것이다. 만약 몸으로부터 재화를 세운다면 몸은 수단이고 재화가 목적이 되어버린다. 재화는 몸을 세우는 여러 가지 방법이나 소재 가운데 하나일 뿐이다. 그래서 "가장 높은 자리에 있는 통치자부터 평범한 시민에 이르기까지 모두 몸을 닦는 것을 근본으로 삼아야 한다."라고 했지, "재화를 일으키는 것을 근본으로 삼아야 한다."라고 하지 않은 것이다.

재화를 근본으로 삼는 것은 곧 '이로움'을 근본으로 삼는 것이고, 몸을 근본으로 삼는 것은 곧 '의로움'을 근본으로 삼는 것이다. 의로움이 본이고 이로움이 말이 되어야 한다. 만약 이로움을 본으로 삼는다면 그 공동체의 구성원들은 자기 것만 가지는 것이 아니라 남의 것도 빼앗아야 한다. 그런 공동체는 행복하지 않다. 인간다운 공동체가 될 수 없다.

동물은 자기 것만 갖지만 인간은 남의 것까지 가지려 하기 때문이다. 그래서 이로움이 아니라 의로움이 근본이 되어야 한다. 특히 지도자에게서는 더욱 그렇다. 대통령이 의롭지 않고 이로움을 좇는다면 장관과 공무원은 이로움을 좇는 것이 마땅하다고 여긴다. 그러면 나라 전체가

이로움을 좇아 남의 것을 빼앗으려고 할 것이다. 누차 말했지만, 지도자
는 꼭 대통령이나 장관만을 말하는 것이 아니다. 우리는 누구나 지도자
이다. 부모는 가정의 지도자이고, 선배는 후배의 지도자이며, 형은 아우
의 지도자이다. 의로움을 근본으로 삼으면 그 공동체 구성원 모두가 지
도자가 되지만, 이로움을 근본으로 삼으면 그 공동체 구성원 모두가 돈
을 좇는 노예가 된다.

　그래서 《맹자》의 첫 이야기가 바로 이로움과 의로움에 관한 것이다.
맹자는 어떻게 하면 자신의 나라에 이로움을 줄 수 있는지에 대한 왕의
물음에,

　　의를 뒷전에 두고 이로움만을 앞세우고자 한다면 빼앗지 않고서는 만족
　하지 못할 것입니다. 인하고서 어버이를 버리는 자는 없으며, 의로우면서 임
　금을 뒷전에 두는 자는 없습니다. 허니 왕께서는 인의만을 말씀하셔야지, 하
　필 이로움을 말씀하십니까!

고 답한다. 의로움을 우선해야 사회의 구성원이 서로를 사랑하며 살 수
있으며, 그러기 위해서는 지도자부터 이로움에 앞서 의로움을 실현코자
해야 한다는 것이다.

II

우리말로 읽기

큰 사람이 되는 길은

하늘로부터 부여받은 밝은 덕을 밝히는 데 있고

사람들을 친하게 대하는 데 있고

너와 내가 모두 '더없이 좋음'을 향해가는 데 있다.

멈출 곳을 알아야 갈 곳이 정해지고, 갈 곳이 정해지면 흔들리지 않는다.

흔들리지 않아야 안정될 수 있으며, 안정되면 깊은 생각을 할 수 있으며, 깊은 생각을 해야 얻을 수 있다.

만물에는 뿌리와 가지가 있으며 모든 일에는 마침과 시작이 있다.

어디가 앞이고 무엇이 뒤인지 안다면 진리에 거의 가깝게 간 것이다.

하늘로부터 부여받은 밝은 덕을 온 세상에 밝히고자 한다면 먼저 나라를 잘 다스려라.

나라를 잘 다스리고자 한다면 먼저 집안을 가지런히 하라.

집안을 가지런히 하고자 한다면 먼저 몸을 닦아라.

몸을 닦고자 한다면 먼저 마음을 바르게 하라.

마음을 바르게 하려면 먼저 생각의 싹을 참되게 하라.

생각의 싹을 참되게 하려면 먼저 지혜를 넓혀라.

지혜는 만물과 사람의 일을 탐구하여 얻는다.

만물과 사람의 일을 탐구해야 지혜를 얻는다.

지혜를 얻어야 생각의 싹이 참되어진다.

생각의 싹이 참되어야 마음이 바르게 된다.

마음이 발라야 몸이 닦인다.

몸이 닦여야 집안이 가지런해진다.

집안을 가지런히 해야 나라가 다스려진다.

나라가 잘 다스려져야 온 세상이 평온하다.

가장 높은 자리에 있는 통치자부터 보통 사람에 이르기까지 한결같이 모두 몸 닦기를 근본으로 삼아야 한다.

근본이 혼란스러운 데 말단이 잘 정리되는 것은 있을 수 없다.

후하게 해야 할 것에 박하게 하면서 박하게 해도 될 것에 후하게 하는 사람은 없다.

이것을 일러 근본이라고 하며, 지혜가 지극하다고 한다.

생각의 싹이 참되려면 자신에게 거짓이 없어야 한다.

악취를 맡으면 저절로 싫고, 좋은 얼굴빛을 보면 저절로 좋다.

이를 '자신에게 겸손하다.' 라고 한다.

그래서 참된 사람은 남이 보지 않고 홀로 있을 때 더욱 조심한다.

어리석은 사람은 남이 보지 않고 홀로 있을 때는 좋지 않은 행동을 거침없이 하다가, 참된 사람을 보면 아무 일도 없었다는 듯 좋지 않은 행동을 감추고 좋은 행동만을 드러내려고 한다.

그러나 마치 폐와 간을 들여다보고 있는 것과 같이 사람들이 바라보고 있으니 어떤 도움이 있겠는가.

마음속의 뜻은 반드시 밖으로 드러난다.

그러니 참된 사람은 홀로 있을 때 더욱 조심한다.

증자가 "열 개의 눈이 살피고 있으며, 열 개의 손가락이 가리키고 있다."라고 했으니 그 얼마나 엄중한 말인가.

물질의 풍요는 집을 윤택하게 하고 밝은 덕은 몸을 빛나게 하나니, 마음이 떳떳하면 몸이 반듯해지기 마련이다.

그래서 참된 사람은 생각의 싹을 참되게 한다.

이런 시가 있다. "저 기수 모퉁이에 있는 푸른 대나무가 아름답기도 하구나! 학식 높은 참된 사람이여. 잘라 놓은 듯 갈아 놓은 듯 쪼아놓은 듯 다듬어 놓은 듯하네. 꼼꼼하고 굳세고 빛나고 점잖으니 학식 높은 참된 사람이여, 끝내 잊히지 않는구나!"

'잘라 놓은 듯 갈아 놓은 듯'은 공부를, '쪼아놓은 듯 다듬어 놓은 듯'은 몸 닦음을 말한다. '꼼꼼하고 굳세고'는 그것을 본 백성들이 진심으로 두려워하고 있음을, '빛나고 점잖으니'는 밖으로 드러나는 위엄을 표현한 것이다. '학식 높은 참된 사람이여, 끝내 잊히지 않는구나!'는 더없이 좋음을 누렸음을 백성들이 잊지 못하는 것이다.

이런 시도 있다. "아아, 앞선 왕들을 잊을 수가 없구나!"

참된 사람은 그 왕이 어질게 대한 사람을 어질게 대하고, 친하게 대한 사람을 친하게 대한다.

보통 사람은 그 왕이 즐거워한 것을 즐거워하고, 이롭게 해준 것을 이롭다고 여긴다.

그렇기에 세상이 변해도 잊지 못하는 것이다.

강고에 "밝은 덕을 발휘하라."라고 했다.

태갑에 "하늘의 밝은 명령을 돌아보라."라고 했다.

제전에 "크고 밝은 덕을 발휘하라."라고 했다.

모두 자신에게 있는 밝은 덕을 스스로 밝히라는 뜻이다.

탕왕은 "날로 새로워지고 날마다 새로워지고 또 나날이 새로워져라."라고 세숫대야에 글귀를 새겨 놓았다.

강고에 "백성들의 밝은 덕을 떨쳐 일으켜라."라고 했다.

시에 "주나라가 비록 오래된 나라이지만 하늘의 명령은 오히려 새롭다."라고 했다.

그렇기에 참된 이는 자신과 백성과 나라에 대해 최선을 다하지 않음이 없는 것이다.

시에 "왕의 도읍 천 리야말로 백성들이 찾아가 머무는 곳이로다!"라고 했다.

시에 "아름답게 지저귀는 꾀꼬리여, 깊고 울창한 모퉁이를 찾아가 머무는구나!" 라고도 했다.

이 시를 들은 공자는 "깊고 울창한 모퉁이를 찾아 머물고 있으니, 가서 머물 곳을 아는구나. 사람이면서 새만도 못해서야 되겠는가!" 라고 하였다.

시에 "깊고도 먼 문왕이시여. 아! 끊임없이 공경에 머무셨도다." 라고 했다.

임금으로서는 인(仁)에 머무셨고, 신하로서는 경(敬)에 머무셨고, 아들로서는 효에 머무셨고, 부모로서는 자애에 머무셨고, 사람들과 사귈 때는 믿음에 머무셨다.

공자는 "송사 처리는 나도 남들처럼 할 수 있다. 그러나 나는 송사가 없도록 하겠노라!" 라고 하셨다.

진실하지 못한 사람에게 하고 싶은 말을 다 하지 못하게 하는 것은 백성들의 의지를 두렵게 여기도록 하고자 함이다.

이를 일러 '근본을 안다.' 라고 한다.

몸을 닦는 것은 마음을 바르게 하는 것에 달려 있다.

몸에 성냄이 있으면 마음이 바르지 않게 된다.

두려움이 있으면 마음이 바르지 않게 된다.

즐거움에 빠지면 마음이 바르지 않게 된다.

근심이 있으면 마음이 바르지 않게 된다.

마음이 없다면 보아도 보이지 않으며, 들어도 들리지 않고, 먹어도 맛을 모르게 된다.

이를 일러 '몸을 닦는 것은 마음을 바르게 하는 것에 달려 있다.'라고 한다.

집안을 가지런히 하는 것은 몸을 닦는 것에 달려 있다.

특정한 사람을 친애하면 치우치게 된다.

미워해도 치우치게 된다.

두려워해도 치우치게 된다.

불쌍히 여겨도 치우치게 된다.

업신여겨도 치우치게 된다.

그래서 "좋아하면서도 그 싫은 것을 알며, 밉지만 그 아름다운 것도 아는 사람이 세상에는 많지 않다."라고 하는 것이다.

그래서 세속에서는 다음과 같이 말한다.

"자기 자식의 미운 면을 알지 못하며, 자기 밭의 싹이 큰 것을 알지 못한다."

이를 일러 '몸을 닦지 않으면 집안을 화목하게 할 수 없다.'라고 한다.

나라를 잘 다스리는 것은 집안을 가지런히 하는 것에 달려 있다.

집안을 교화하지 못하고서 다른 사람을 교화할 수 있는 사람은 없다.

따라서 참된 이는 집안을 벗어나지 않고도 나라에 교화를 펼칠 수 있다.

집안에서의 효는 밖에 나가서는 임금을 섬기는 것이 되고, 집안에서의 형에 대한 공경은 밖에 나가서는 어른을 섬기는 것이 되며, 집안에서 아래 사람을 자애롭게 대하는 것은 밖에 나가서는 사람들을 사랑하는 것이 된다.

강고에 "갓난아이 돌보듯이 하라."라고 했다.

참된 마음으로 구하면 비록 딱 들어맞지는 않아도, 하려고 하는 것에서 멀어지지는 않는다.

어린아이 기르는 방법을 다 배우고서 결혼하는 사람은 없다.

한 집안이 인(仁)하면 온 나라에 인이 흥하고, 한 집안이 사양하면 온 나라에 사양이 흥하고, 한 사람이 욕심을 부리면 온 나라가 어지러워지게 되나니 그 기틀이 그런 것이다.

그래서 '한마디 말이 일을 엎어버리기도 하고, 한 사람이 나라를 안정시키기도 한다.' 라고 한다.

요임금과 순임금이 세상을 인으로 이끄시니 백성들이 그것을 따랐고, 걸왕과 주왕이 세상을 폭력으로 이끄니 백성들이 그것을 따랐다.

통치자가 명령하는 바가 통치자 자신이 좋아하는 것과 반대되면 백성들은 그것을 따르지 않는다.

그래서 참된 사람은 자신을 미루어 보아 옳음을 확인한 후에 다른 사람에게 옳음을 요구하며, 자신을 미루어 옳지 않음이 없어야 다른 사람의 옳지 않음을 지적한다.

자신에게 미루어 보고 난 후에야 남에게 미치고자 하지 않고서도 다른 사람을 깨우칠 수 있는 사람은 없다.

그래서 '나라를 잘 다스리는 것은 집안을 가지런히 함에 달려 있다.'라고 한다.

시에 "복숭아꽃이 여리고 예쁘네. 그 잎이 우거졌구나. 딸이 시집을 가니 집안사람에게 떳떳하구나."라고 했다.

집안사람들에게 떳떳한 이후에 다른 사람들을 교화할 수 있다.

시경에 "형에게도 떳떳하고 아우에게도 떳떳하도다."라고 했다.

형에게도 떳떳하고 아우에게도 떳떳해야 다른 사람들을 교화할 수 있다.

시에 "떳떳함이 어그러지지 않으니 사방의 나라들을 바르게 한다."라고 했다.

부모와 자녀와 형제들이 본받을 수 있어야 백성들이 그것을 본받는다.

이를 일러 '나라를 잘 다스리는 것은 집안을 가지런히 하는 것에 달려 있다.'라고 한다.

온 세상의 평온은 나라를 잘 다스리는 것에 달려 있다.

윗사람이 노인을 노인으로 대접하면 백성들에게 효가 흥하게 된다.

윗사람이 어른을 어른으로 대접하면 백성들 사이에 공경이 흥하게 된다.

윗사람이 약자를 구휼하면 백성들이 윗사람을 배반하지 않는다.

그래서 참된 사람은 인간관계를 가늠하는 길을 갖고 있다.

윗사람은 자신이 싫었던 것으로 아랫사람을 부리지 말며, 아랫사람은 자신이 싫었던 것으로 윗사람을 섬기지 말아야 한다.

앞사람은 자신이 싫었던 것으로 뒷사람에게 먼저 하라고 하지 말며, 뒷사람은 자신이 싫었던 것으로 앞사람을 따르지 말아야 한다.

오른쪽 사람은 자신이 싫었던 것으로 왼쪽 사람과 사귀지 말며, 왼쪽 사람은 자신이 싫었던 것으로 오른쪽 사람과 사귀지 말아야 한다.

이를 일러 '인간관계를 가늠하는 길'이라고 한다.

시에 "즐겁기만 하구나 군자여, 백성의 부모로다."라고 했다.

백성들이 좋아하는 바를 좋아하고 백성들이 미워하는 바를 미워하는 사람을 백성의 부모라고 한다.

시에 "저기 우뚝 솟은 남산이여, 바위들이 솟아있구나. 눈에 띄게 빛나는 태사 윤씨여, 백성들이 모두 그를 쳐다보고 있도다."라고 했다.

나라를 소유한 사람은 생각의 싹조차 더욱 삼가지 않을 수 없으니 이것을 어기면 온 세상이 그를 죽일 것이다.

시에 "은나라가 백성을 잃지 않았을 때는 하늘과 짝이 될 수 있었네. 은나라를 거울로 삼아야 하나니, 하늘의 명을 지키기가 쉽지 않도다."라고 했다.

백성을 얻으면 나라를 얻고, 백성을 잃으면 나라를 잃는다는 말이다.

따라서 참된 이는 먼저 밝은 덕을 삼가 밝혀야 한다.

덕이 있으면 그를 따르는 사람들이 있게 되며, 사람들이 있으면 토지가 있게 되고, 토지가 있으면 재물이 있게 되며, 재물이 있으면 써야 할 곳에 쓸 수 있게 된다.

덕은 근본이고 재물은 말단이다.

겉을 근본으로 여기고 속을 말단으로 여기면 백성들에게 다투는 것을 가르치는 것이다.

그래서 지도자가 재물을 모으면 백성은 흩어지고 재물을 흩트리면 백성은 모인다.

어그러지게 나간 말은 반드시 어그러지게 들어오기 마련이고, 어그러지게 들어온 재물 역시 어그러지게 나가기 마련이다.

강고에 "하늘의 명은 일정한 곳에 머무는 것이 아니다."라고 했다.

선하면 하늘의 명을 얻을 수 있고 선하지 않으면 잃게 된다는 말이다.

초서에 "초나라는 보물로 여길 물건은 없으나 오직 선을 보물로 여긴다."라고 했다.

구범은 "나라를 잃은 우리는 보물로 여길 물건은 없으나 어버이를 사랑하는 것을 보물로 여긴다."라고 했다.

진서에 "특별한 재주는 없으나 정성스러우며, 마음이 넉넉하여 포용함이 있어 다른 사람들의 재주를 자신의 재주처럼 여기고, 사람들이 하는 좋은 말을 좋아하는 것이 말로만 내뱉는 것이 아니라 진정으로 포용하는 사람이라면 나의 자손과 백성을 보호해줄 수 있으며 더욱이 이로움도 있을 것이다. 다른 사람들의 재주를 모질도록 미워하고, 사람들이 하는 좋은 말을 거슬리게 들어 통하지 않게 하는 것은 포용이 없는 것이니 우리 자손과 백성들을 지켜내지 못할 것이며 또한 위태로울 것이다."라고 했다.

오직 어진 사람만이 나쁜 사람을 쫓아 보내 문명의 나라에서 함께 살지 못하게 할 수 있다.

이를 일러 '어진 사람만이 진정으로 사람을 사랑할 수 있고 미워할 수 있다.'라고 한다.

어진 사람을 보고서 등용하지 못하고, 어진 사람을 등용하되 빨리할 수 없는 것은 운명이다.

선하지 않은 이를 보고 물리치지 않고, 물리치되 멀리 보내지 않는 것은 허물이다.

사람들이 싫어하는 것을 좋아하고, 사람들이 미워하는 바를 좋아하는 것은 사람의 본성을 어기는 것이니 재앙이 반드시 자신에게 미치게 될 것이다.

그래서 참된 사람에게는 큰 길이 있으니, 자신에게 진실하고 다른 이를 믿어주면 얻음이 있을 것이고 남에게 교만하고 자신에게 나태하면 잃게 될 것이다.

재화를 만들어내는 큰 길이 있다.

만드는 자는 많고 먹는 자는 적으며, 하는 자는 빠르게 하고 쓰는 자는 느리게 한다면 재화는 언제나 넉넉할 것이다.

어진 사람은 재화로 몸을 일으키며, 어질지 못한 사람은 몸으로 재화를 일으킨다.

윗사람이 어질게 하는데 아랫사람이 의롭지 않을 수 없고, 윗사람이 의롭게 하는데 그와 관련된 일을 끝맺지 못하는 경우도 없으며, 창고에 재화가 있는데 그 재화가 윗사람의 재화가 아닌 경우는 없다.

맹헌자가 말했다.

"말을 기르고 마차를 탈 수준의 집안에서는 닭과 돼지를 기르는 일에 관심을 두어서는 안 되며, 한여름에도 얼음을 쓰는 수준의 집안에서는 소나 양을 길러서도 안 된다. 마차를 백 대 정도 운영하는 수준의 집안에서는 막무가내로 세금을 거두어들이려는 가신을 두어서는 안 된다. 세금을 거두어들이려는 가신을 두느니 차라리 주인의 돈을 훔쳐 가는 가신을 두어라."

이것을 일러 "나라는 이익을 이로움으로 여기지 말고, 옳음을 이로움으로 여겨야 한다."라고 한다.

나라나 집안의 어른이 되어서 재화와 실용에 힘쓴다면 그것은 어리석은 아랫사람들 때문에 비롯되는 것이다.

어리석은 사람들이 나라나 집안 어른에게는 잘한다고 해도, 그들에게 나라나 집안을 운영하게 하면 하늘의 재앙과 사람의 재앙을 함께 입게 될 것이다. 그러면 그때를 당해 잘하려고 해도 어찌할 방도가 없게 된다.

　이것을 일러 "나라는 이익을 이로움으로 여기지 말고, 옳음을 이로움
으로 여겨야 한다."라고 한다.

Ⅲ

원문으로 읽기

대학지도 재명명덕 재친민 재지어지선
大學之道 在明明德 在親民 在止於至善

지지이후유정 정이후능정 정이후능안 안이후능려 려이후능득
知止而后有定 定而後能靜 靜而後能安 安而後能慮 慮而後能得

물유본말 사유종시 지소선후 즉근도의
物有本末 事有終始 知所先後 則近道矣

고지욕명명덕어천하자 선치기국 욕치기국자 선제기가
古之欲明明德於天下者 先治其國 欲治其國者 先齊其家

욕제기가자 선수기신 욕수기신자 선정기심 욕정기심자 선성기의
欲齊其家者 先修其身 欲修其身者 先正其心 欲正其心者 先誠其意

욕성기의자 선치기지 치지재격물
欲誠其意者 先致其知 致知在格物

물격이후지지 지지이후의성 의성이후심정 심정이후신수
物格而后知至 知至而后意誠 意誠而后心正 心正而后身修

신수이후가제 가제이후국치 국치이후천하평
身修而后家齊 家齊而后國治 國治而后天下平

자천자이지어서인 일시개이수신위본
自天子以至於庶人 壹是皆以修身爲本

기본난이말치자부의 기소후자박이기소박자후미지유야
其本亂而末治者否矣 其所厚者薄而其所薄者厚未之有也

차위지본 차위지지지야
此謂知本 此謂知之至也

소위성기의자 무자기야 여오악취 여호호색
所謂誠其意者 毋自欺也 如惡惡臭 如好好色

차지위자겸 고군자필신기독야
此之謂自謙 故君子必愼其獨也

소인한거위불선 무소부지 견군자이후 염연엄기불선 이저기선
小人閒居爲不善 無所不至 見君子而后 厭然弇其不善 而著其善

인지시기 여견기폐간연 즉하익의
人之視己 如見其肺肝然 則何益矣

차위성어중 형어외 고군자필신기독야
此謂誠於中 形於外 故君子必愼其獨也

증자왈 십목소시 십수소지 기엄호
曾子曰 十目所視 十手所指 其嚴乎

부윤옥 덕윤신 심광체반 고군자필성기의
富潤屋 德潤身 心廣體胖 故君子必誠其意

시운 첨피기오 녹죽의의 유비군자 여절여차 여탁여마 슬혜한혜
詩云 瞻彼淇澳 菉竹猗猗 有斐君子 如切如磋 如琢如磨 瑟兮僩兮

혁혜훤혜 유비군자 종불가훤혜
赫兮喧兮 有斐君子 終不可諠兮

여절여차자 도학야 여탁여마자 자수야 슬혜한혜자 순율야
如切如磋者 道學也 如琢如磨者 自修也 瑟兮僴兮者 恂慄也

혁혜훤혜자 위의야 유비군자 종불가훤혜자 도성덕지선
赫兮暄兮者 威儀也 有斐君子 終不可諠兮者 道盛德至善

민지불능망야
民止不能忘也

시운 오희전왕불망
詩云 於戱前王不忘

군자현기현이친기친 소인락기락이이기이 차이몰세불망야
君子賢其賢而親其親 小人樂其樂而利其利 此以沒世不忘也

강고왈 극명덕 태갑왈 고시천지명명 제전왈 극명준덕
康誥曰 克明德 太甲曰 顧諟天之明命 帝典曰 克明竣德

개자명야
皆自明也

탕지반명왈 구일신 일일신 우일신 강고왈 작신민 시운 주수구방
湯之盤銘曰 苟日新 日日新 又日新 康誥曰 作新民 詩云 周雖舊邦

기명유신 시고군자무소불용기극
其命維新 是故君子無所不用其極

시운 방기천리 유민소지 시운 민만황조 지우구우

詩云 邦畿千里 惟民所止 詩云 緡蠻黃鳥 止于丘隅

자왈 어지 지기소지 가이인이불여조호

子曰 於止 知其所止 可以人而不如鳥乎

시운 목목문왕 오집희경지

詩云 穆穆文王 於緝熙敬止

위인군지어인 위인신지어경 위인자지어효 위인부지어자

爲人君止於仁 爲人臣止於敬 爲人子止於孝 爲人父止於慈

여국인교지어신

與國人交止於信

자왈 청송오유인야 필야사무송호

子曰 聽訟吾猶人也 必也使無訟乎

무정자 부득진기사 대외민지 차위지본

無情者 不得盡其辭 大畏民志 此謂知本

소위수신재정기심자 신유소분치 즉부득기정 유소공구

所謂修身在正其心者 身有所忿懥 則不得其正 有所恐懼

즉부득기정 유소호락 즉부득기정 유소우환 즉부득기정

則不得其正 有所好樂 則不得其正 有所憂患 則不得其正

심부재언 시이불견 청이불문 식이부지기미 차위수신재정기심
心不在焉 視而不見 聽而不聞 食而不知其味 此謂修身在正其心

소위제기가 재수기신자 인 지기소친애이벽언 지기소천오이벽언
所謂齊其家 在修其身者 人 之其所親愛而辟焉 之其所賤惡而辟焉

지기소외경이벽언 지기소애긍이벽언 지기소오타이벽언
之其所畏敬而辟焉 之其所哀矜而辟焉 之其所敖惰而辟焉

고호이지기오 오이지기미자 천하선의 고언유지왈
故好而知其惡 惡而知其美者 天下鮮矣 故諺有之曰

인막지기자지오 막지기묘지석 차위신불수 불가이제기가
人莫知其子之惡 莫知其苗之碩 此謂身不修 不可而齊其家

소위치국필선제기가자 기가불가교 이능교인자무지
所謂治國必先齊其家者 其家不可敎 而能敎人者無之

고군자불출가이성교어국 효자소이사군야 제자소이사장야
故君子不出家而成敎於國 孝者所以事君也 弟者所以事長也

자자소이사중야
慈者所以使衆也

강고왈 여보적자 심성구지 수부중 불원의 미유학양자이후 가자야
康誥曰 如保赤子 心誠求之 雖不中 不遠矣 未有學養子而后 嫁者也

일가인 일국흥인 일가양 일국흥양 일인탐려 일국작난 기기여차
一家仁 一國興仁 一家讓 一國興讓 一人貪戾 一國作亂 其機如此

차위일언분사 일인정국 요순수천하이인이민종지

此謂一言僨事 一人定國 堯舜帥天下以仁而民從之

걸주수천하이폭이민종지 기소령 반기소호 이민불종 시고

桀紂帥天下以暴以民從之 其所令 反其所好 而民不從 是故

군자 유저기 이후구저인 무저기 이후비저인

君子 有諸己 而後求諸人 無諸己 而後非諸人

소장호불서 이능유저인자미지유야 고치국재제기가

所藏好不恕 而能喩諸人者未之有也 故治國在齊其家

시운 도지요요 기엽진진 지자우귀 의기가인 의기가인

詩云 桃之夭夭 其葉蓁蓁 之子于歸 宜其家人 宜其家人

이후가이교국인 시운 의형의제 의형의제 이후가이교국인

而后可以敎國人 詩云 宜兄宜弟 宜兄宜弟 而后可以敎國人

시운 기의불특 정시사국 기위부자형제족법 이후민법지야

詩云 其儀不忒 正是四國 其爲父子兄弟足法 而后民法之也

차위치국재제기가

此謂治國在齊其家

소위평천하재치기국자 상노노이민흥효 상장장이민흥제

所謂平天下在治其國者 上老老而民興孝 上長長而民興弟

상휼고이민불배 시이군자유혈구지도야

上恤孤而民不倍 是以君子有絜矩之道也

소오어상 무이사하 소오어하 무이사상 소오어전 무이선후

所惡於上 毋以事下 所惡於下 毋以事上 所惡於前 毋以先後

소오어후 무이종전 소오어우 무이교어좌 소오어좌 무이교어우
所惡於後 毋以從前 所惡於右 毋以交於左 所惡於左 毋以交於右

차지위혈구지도
此之謂絜矩之道

시운 낙지군자 민지부모 민지소호호지 민지소오오지 차위민지부모
詩云 樂只君子 民之父母 民之所好好之 民之所惡惡之 此謂民之父母

시운 절피남산 유석암암 혁혁사윤 민구이첨 유국자 불가이불신
詩云 節彼南山 維石巖巖 赫赫師尹 民具爾瞻 有國者 不可以不愼

벽즉위천하륙의
辟則爲天下僇矣

시운 은지미상사 극배상제 의감우은 준명불이 도득중즉득국
詩云 殷之未喪師 克配上帝 儀監于殷 峻命不易 道得衆則得國

실중즉실국 시고군자선신호덕
失衆則失國 是故君子先愼乎德

유덕차유인 유인차유토 유토차유재 유재차유용 덕자본야
有德此有人 有人此有土 有土此有財 有財此有用 德者本也

재자말야 외본내말 쟁민시탈 시고재취즉민산 재산즉민취
財者末也 外本內末 爭民施奪 是故財聚則民散 財散則民聚

시고언패이출자 역패이입 화패이입자 역패이출
是故言悖而出者 亦悖而入 貨悖而入者 亦悖而出

강고왈 유명불우상 도선즉득지 불선즉실지의 초서왈 초국

康誥曰 惟命不于常 道善則得之 不善則失之矣 楚書曰 楚國

무이위보 유선이위보 구범왈 망인 무이위보 인친이위보

無以爲寶 惟善以爲寶 舅犯曰 亡人 無以爲寶 仁親以爲寶

진서왈 약유일개신 단단혜 무타기 기심휴휴언 기여유용언

秦誓曰 若有一介臣 斷斷兮 無他技 其心休休焉 其如有用焉

인지유기 약기유지 인지언성 기심호지 불시약자기구출 식능용지

人之有己 若己有之 人之彦聖 其心好之 不啻若自其口出 寔能容之

이능보아자손여민 상역유리재 인지유기 모질이오지 인지언성

以能保我子孫黎民 尙亦有利哉 人之有己 媢疾而惡之 人之彦聖

이위지비불통 식불능용 이불능보아자손여민 역왈태재

而違之俾不通. 寔不能容 以不能保我子孫黎民 亦曰殆哉

유인인 방류지 병제사이 불여동중국 차위유인인 위능애인 능오인

唯仁人 放流之 迸諸四夷 不與同中國 此謂唯仁人 爲能愛人 能惡人

견현이불능거 거이불능선 명야 견불선이불능퇴 퇴이불능원 과야

見賢而不能擧 擧而不能先 命也 見不善而不能退 退而不能遠 過也

호인지소오 오인지소호 시위불인지성 치필체부신

好人之所惡 惡人之所好 是謂拂人之性 菑必逮夫身

시고군자유대도 필충신이득지 교태이실지

是苦君子有大道 必忠信以得之 驕泰以失之

생재유대도 생지자중 식지자과 위지자질 용지자서 즉재항족의
生財有大道 生之者衆 食之者寡 爲之者疾 用之者舒 則財恒足矣

인자이재발신 불인자이신발재 미유상호인 이하불호의자야
仁者以財發身 不仁者以身發財 未有上好仁 而下不好義者也

미유호의 기사불종자야 미유부고재 비기재자야
未有好義 其事不終者也 未有府庫財 非其財者也

맹헌자왈 흉마승 불찰어계돈 벌빙지가 불흉우양
孟獻子曰 畜馬乘 不察於鷄豚 伐氷之家 不畜牛羊

백승지가 불흉취렴지신 여기유취렴지신 영유도신
百乘之家 不畜聚斂之臣 與其有聚斂之臣 寧有盜臣

차위국불이리위리 이의위리야
此謂國不以利爲利 以義爲利也

장국가이무재용자 필자소인의 피위선지 소인지사위국가
長國家而務財用者 必自小人矣 彼爲善之 小人之使爲國家

치해병지 수유선자 역무여지하의 차위국불이리위리 이의위리야
菑害竝至 雖有善者 亦無如之何矣 此謂國不以利爲利 以義爲利也

● 저자 소개

황광욱

성균관대학교 한국철학과 졸업, 철학박사
성균관대학교, 홍익대학교, 가톨릭대학교 등에서 강의
홍대부여고 교사, 홍대부고 교감, 경성고등학교 교장(현)

저서

『화담 서경덕의 철학사상』(2003) _ 대한민국학술원 우수학술도서(2004)
『역주 화담집』(2004) _ 서울대학교 고전 추천도서
『청소년을 위한 맹자』(2009) _ 청소년 권장도서
『동양철학 콘서트』(2010)
『중용, 하늘의 소리 사람의 길』(2013)
『선비, 철학자 그리고 화담 서경덕』(2020) _ 출판진흥원 세종도서 교양부문(2021)

공저

『한국철학사상사』(2003)
『주자학의 형성과 전개』(2005)
『한권으로 읽는 한국철학』(2007) _ 청소년 권장도서
『근세 한국철학의 재조명』(2007)
『한국실학사상사』(2008)
『한국 사상의 씬 스틸러』(2016)

시집

『길, 아직 가지 않은』(2013)

좋은 어른 되기 연습

《대학》 읽기

초판 1쇄 발행일 2022년 09월 15일

지 은 이 | 황광욱
발 행 인 | 최원필
발 행 처 | 심산출판사
주　　소 | 서울시 은평구 불광로 13가길 18, 101호
전　　화 | 02-357-0633
팩시밀리 | 02-357-0631
E-mail | simsan21c@hanmail.net
등록번호 | 제1-2114호(1996년 11월 28일)

ISBN　978-89-94844-80-0　03300

＊책값은 뒤표지에 표시되어 있습니다.